AUTONOMIA CONTRATUAL E DIREITO TRIBUTÁRIO
(A NORMA GERAL ANTI-ELISÃO)

DIOGO LEITE DE CAMPOS
Professor Catedrático
da Faculdade Direito de Coimbra

JOÃO COSTA ANDRADE
Mestre em Direito
Advogado

AUTONOMIA CONTRATUAL E DIREITO TRIBUTÁRIO
(A NORMA GERAL ANTI-ELISÃO)

ALMEDINA

AUTONOMIA CONTRATUAL E DIREITO TRIBUTÁRIO
(A NORMA GERAL ANTI-ELISÃO)

AUTORES
DIOGO LEITE DE CAMPOS
JOÃO COSTA ANDRADE

EDITOR
EDIÇÕES ALMEDINA, SA
Av. Fernão Magalhães, n.º 584, 5.º Andar
3000-174 Coimbra
Tel.: 239 851 904
Fax: 239 851 901
www.almedina.net
editora@almedina.net

PRÉ-IMPRESSÃO I IMPRESSÃO I ACABAMENTO
G.-C. GRÁFICA DE COIMBRA, LDA.
Palheira – Assafarge
3001-453 Coimbra
producao@graficadecoimbra.pt

Outubro, 2008

DEPÓSITO LEGAL
284175/08

Os dados e as opiniões inseridos na presente publicação
são da exclusiva responsabilidade do(s) seu(s) autor(es).

Toda a reprodução desta obra, por fotocópia ou outro qualquer
processo, sem prévia autorização escrita do Editor, é ilícita
e passível de procedimento judicial contra o infractor.

Biblioteca Nacional de Portugal – Catalogação na Publicação

CAMPOS, Diogo Leite de, 1944-   , e outro

Autonomia contratual e direito tributário : a norma
Geral anti-elisão / Diogo Leite de Campos, João
Costa Andrade

ISBN 978-972-40-3630-4

I – ANDRADE, João Costa

CDU   342
      336
      347

INTRODUÇÃO

A inclusão de uma cláusula geral anti-elisão foi proposta na comissão que elaborou o projecto de Lei Geral Tributária. Tal inclusão não foi aceite em virtude dos riscos que envolvia para a certeza e segurança do Direito num sistema tributário que quer os elementos essenciais dos impostos regulados exclusiva e exaustivamente pela lei formal.

Terá a comissão sentido que "las clausulas antielusivas no contribuyen al interés general. Al interés general contribuye la seguridad, la certeza, la claridad del sistema tributário que presta seguridad e impulsa la actividad económica del país (José Juan Ferreiro Lapatza, no Prólogo a Cesar Garcia Novoa, La clausula antielusiva en la nueva LGT, Marcial Pons, Madrid/Barcelona, 2004, p. 16).

Pelo menos foi esta a argumentação que o autor Diogo Leite de Campos apresentou enquanto presidente da comissão.

A cláusula geral anti-elisiva, afastada da LGT, foi introduzida no Código de Processo Tributário, de onde passou, com a sua formulação profundamente revista, para a LGT.

Pareceu a muitos que se lesava gravemente o valor da certeza e segurança do Direito que é um dos valores fundamentais do Direito Tributário. Tendo sido suscitado o problema da sua constitucionalidade.

Mas, no entretanto, havia que a analisar, a entender e a integrar nos quadros da dogmática jurídica, fazendo-a perder

– se possível – o seu carácter de estraneidade perante o Direito fiscal.

Diversas respostas foram dadas.

O Tribunal Constitucional pronunciou-se pela constitucionalidade da norma (em sucessivos acórdãos)[1].

Mas continuou aberta a discussão sobre a sua compatibilidade com as certeza e segurança jurídicas – logo, justiça/ /igualdade. Tendo presentes as palavras de Cesar Garcia Novoa (La clausula anti-elusiva, cit.) ao escrever que os verdadeiros instrumentos de reacção contra estas formulas elisivas, e o que justifica precisamente que as normas falem das mesmas, serão os que a lei põe nas mãos da Administração, poderes "ordinários" de interpretação e qualificação que fazem frente a uma anomalia ou desnaturalização da causa do negócio jurídico, ou poderes especiais que se identificam com as chamadas "cláusulas gerais anti-elisivas" as quais pretendem colmatar as lacunas do ordenamento tributário.

Mas não podem ser incompatíveis com os imperativos da tipicidade, segurança jurídica e direito à planificação fiscal" (trad. do espanhol).

Nas páginas que se seguem, apresentamos a nossa resposta a estas necessidades. Resposta integrada numa concepção da autonomia privada/liberdade negocial vista como competência e legitimidade para prosseguir um projecto pessoal de vida ou a gestão de uma empresa. E que se transforma em ilegitimidade/incompetência quando ultrapassa os limites da esfera jurídica do sujeito. Entendendo a cláusula geral anti-elisiva prevista no n.º 2 do art. 38.º da LGT como um afloramento daquela concepção de autonomia privada. Em termos de

---

[1] Vd. Infra n.º 25.

o contribuinte poder gerir os impostos no âmbito da sua esfera jurídica, como um custo a integrar num plano composto por outros valores e interesses; mas não como o único ingrediente de uma decisão que, assim, ficaria fora da sua esfera jurídica, por estar a gerir as receitas do credor, em termos de ilegitimidade/ineficácia perante esse mesmo credor.

Não julgamos a análise definitiva. Outros farão melhor.

I

PROLEGÓMENOS SOBRE A
NORMA GERAL ANTI-ELISÃO

1. A norma geral anti-elisão no direito fiscal português (art. 38.º, 2 da Lei Geral Tributária)

O art. 38.º, 2 da Lei Geral Tributária portuguesa determina que "são ineficazes no âmbito tributário os actos ou negócios jurídicos essencial ou principalmente dirigidos por meios artificiosos ou fraudulentos e com abuso de formas jurídicas, à redução, eliminação ou diferimento temporal de impostos que seriam devidos em resultado de factos, actos ou negócios jurídicos de idêntico fim económico, ou à obtenção de vantagens fiscais que não seriam alcançadas, total ou parcialmente, sem utilização desses meios, efectuando-se então a tributação de acordo com as normas aplicáveis na sua ausência e não se produzindo as vantagens fiscais referidas".

Perante a forma demasiadamente pesada desta norma, há que a subdividir para determinar o seu sentido.

– Ineficácia

A norma em causa determina a *ineficácia* de certos actos ou negócios jurídicos.

Ineficácia é uma das formas de invalidade, o que significa que tais actos ou negócios jurídicos são ilícitos, por contrários à lei (no caso, ao art. 38.°, 2).

– Pressupostos da ineficácia

Esses negócios ou actos são ineficazes mediante requisitos de *meio* e requisitos de *fim*.

Quanto aos requisitos de meio, é preciso que eles assentem em meios artificiosos ou fraudulentos e com abuso das formas jurídicas.

No que se refere ao fim, têm de ser essencial ou principalmente dirigidos à redução, eliminação ou diferimento temporal de impostos que seriam devidos em resultado de factos, actos ou negócios jurídicos de idêntico fim económico, ou à obtenção de vantagens fiscais que não seriam alcançadas sem a utilização desses meios.

– Sanção

A sanção, como dissemos, é a ineficácia para efeitos fiscais, que não para efeitos negociais privados. Em termos de a tributação se realizar de acordo com as normas aplicáveis na ausência dos meios abusivos ou fraudulentos e não se produzindo as vantagens fiscais visadas.

2. Consumpção de normas. Plano do presente estudo

O direito tributário é um "direito de sobreposição": assenta em factos e actos que (normalmente) têm relevo para efeitos de outros ramos do direito, tributando as realidades económicas por estes construídas.

Assim, para que o direito tributário censure actos ou negócios jurídicos, determinando a sua ineficácia (para efeitos fiscais), será necessário que tais actos ou negócios sejam válidos no âmbito do ramo de direito em que se situam. Se forem inválidos, então (em princípio) o problema da sua invalidade não se porá em direito fiscal, por tais actos, em que o direito fiscal tem de assentar, não produzirem efeitos "por si mesmos". Embora possam ter relevo fiscal se, e na medida em que, produzirem efeitos no âmbito do outro ramo do direito, embora não os efeitos a que se dirigem (poderá ser o caso do negócio dissimulado nos quadros da simulação ou da conversão dos negócios inválidos).

Começaremos pelas normas de direito civil que, determinando a invalidade de certos actos ou negócios, consomem o sentido normativo do art. 38.°, 2 da LGT. Ou seja: os vícios que atingem o acto ou negócio determinam a sua invalidade para efeitos de Direito civil e para efeitos de Direito fiscal (n.° 2 do art. 38.° da LGT). Em termos de a factualidade preencher simultaneamente os pressupostos de aplicação, por ex., das normas sobre a nulidade e das normas referentes à elisão (artigo 38.°, 2)[2].

Haverá que estabelecer uma hierarquia entre as normas interessadas, em termos de se dar preferência às normas que determinam a invalidade dos actos ou negócios (em si mesmos) para efeitos de direito civil. Só sendo aplicável o art. 38.°, 2 da LGT (ou norma análoga, por ex. em matéria de preços de transferência) se a invalidade tiver mantido certos efeitos do

---

[2] Sobre a matéria do concurso das normas, vd. Diogo Leite de Campos, A subsidiariedade da obrigação de restituir o enriquecimento, Coimbra, Almedina, 1974, esp. p. 31 e segs.

acto ou negócio, com relevância fiscal[3]. A invalidade civil revela um grau mais elevado, "radical", da violação dos bens jurídicos. Consumindo a fase menos grave, a fiscal[4].

Passaremos a outros institutos de direito civil que podem servir de instrumento para prosseguir fins fiscais elisivos.

Finalmente, haverá que, com base em tais considerações, integrar o n.º 2 do art. 38.º da LGT na dogmática do Direito Português – mais em geral, na dogmática dos Direitos de base romano-germânica – de modo melhor o entender.

3. Pressuposto: a impossibilidade de requalificar juridicamente os actos e negócios

Para que seja necessário (e possível) utilizar o disposto no n.º 2 do art. 38.º é necessário que não seja possível (e necessário) aplicar o disposto no n.º 4 do art. 36.º da LGT.

Se a Administração fiscal conhecer toda a matéria de facto e entender que a deve requalificar juridicamente, sem ter de desconsiderar actos ou negócios, então não haverá lugar à aplicação da cláusula geral anti-elisão. Esta última pressupõe a utilização de estruturas jurídicas, actos e negócios "anómalos" como instrumentos elisivos. Estruturas, actos e negócios que é preciso desconsiderar fiscalmente, para se tributarem os resul-

---

[3] Não esquecemos que pode haver efeitos materiais de um acto inválido, mesmo de um acto ilícito, que permanece. E que tais efeitos são susceptíveis de ter relevância fiscal, sendo tributados. Vd., por ex., o art. 38.º, 1 da LGT.

[4] Vd. Aut. ob. ult. cits.

tados dos actos ou negócios que deveriam ter sido praticados ou celebrados.

Se nada é anómalo; se nada há a desconsiderar; mas tão só a Administração fiscal não concorda com a qualificação jurídica dos actos ou negócios, então bastar-lhe-á qualificá-los adequadamente e retirar daí as devidas consequências fiscais.

A norma do n.º 2 do art. 38.º contém um "requisito a mais": o carácter "anómalo" dos actos ou negócios que vai ser preciso desconsiderar. Esse carácter anómalo que, repetimos, é um mais, não existe na previsão do art. 36.º, 4.

II

INSTITUTOS DE DIREITO CIVIL QUE CONSOMEM O SENTIDO NORMATIVO DA NORMA ANTI-ELISÃO

4. Sequência

Nas páginas seguintes vamos enunciar – de modo natural-mente não exaustivo – institutos que consomem o sentido nor-mativo da norma geral anti-abuso, determinando negativa-mente o seu campo de aplicação.

Com vista a uma mais completa percepção da norma e, portanto, a uma mais acurada compreensão do objecto do nosso conhecimento.

5. Acto anormal de gestão. O sentido normativo do art. 23.° do CIRC

5.1. *A jurisprudência*

A jurisprudência portuguesa, bem como a doutrina e juris-prudência de outros ordenamentos jurídicos, tem aplicado os princípios da liberdade de gestão e da separação entre as esferas pessoal e empresarial, para distinguir os custos fiscalmente relevantes e os outros.

Assim:

AcSTA de 29-3-2006 (Rel. Baeta de Queiroz), P.01236/05.

Decidiu o STA que "constituem custos fiscalmente dedutíveis, para efeitos no art. 23.º do Código do Imposto sobre o Rendimento das Pessoas Colectivas, os pagamentos feitos a restaurantes por uma empresa de construção civil como contrapartida de refeições tomadas por trabalhadores seus que desloca para obras situadas em vários locais. O facto de a empresa pagar aos mesmos trabalhadores subsídio de refeição não configura uma duplicação de custos capaz de afastar a dedutibilidade das despesas feitas nos restaurantes".

Ou seja: o STA aplicou, e muito bem, o princípio da liberdade da gestão das empresas. A empresa exerceu a sua "opção" de pagar refeição aos trabalhadores. É livre de o fazer, e esta opção tem de ser respeitada pela Administração Fiscal.

"(...) A regra é que as despesas correctamente contabilizadas sejam custos fiscais; o critério da indispensabilidade foi criado pelo legislador, não para permitir à Administração intrometer-se na gestão da empresa, ditando como deve ela aplicar os seus meios, mas para impedir a consideração fiscal de gastos que, ainda que contabilizados como custos, não se inscrevem no âmbito da actividade da empresa, foram incorridos não para a sua prossecução mas para outros interesses alheios. Em rigor, não se trata de verdadeiros custos da empresa, mas de gastos que, tendo em vista o seu objecto, foram abusivamente contabilizadas como tal. Sem que a Administração possa avaliar a indispensabilidade dos custos à luz de critérios incidentes sobre a sua oportunidade e mérito.

O conceito de indispensabilidade não só não pode fazer-se equivaler a um juízo estrito de imperiosa necessidade, como já se disse, como também não pode assentar num juízo sobre a conveniência da despesa, feito, necessariamente, a posteriori. Por exemplo, os gastos feitos com uma campanha publicitária que se revelou infrutífera não podem, só em função desse resultado, afirmar-se dispensáveis. O juízo sobre a oportunidade e conveniência dos gastos é exclusivo do empresário. Se ele decide fazer despesas tendo em vista prosseguir o objecto da empresa mas é mal sucedido e essas despesas que contabilize como custo e se mostre estranho ao fim da empresa não é custo fiscal, porque não indispensável. Entendemos, pois, que são custos fiscalmente dedutíveis todas as despesas que se relacionem directamente com o processo produtivo (para o nosso caso, não interessa considerar as de investimento), designadamente, com a aquisição de factores de produção, como é o caso do trabalho. E que, sob pena de violação do princípio da capacidade contributiva, a Administração só pode excluir gastos não directamente afastados pela lei debaixo de uma forte motivação que convença de que eles foram incorrido para além do objectivo social, ou seja, na prossecução de outro interesse que não o empresarial, ou, ao menos, com nítido excesso, desviante, face às necessidades e capacidades objectivas da empresa"[5].

a) AcTCAS de 11-6-2002 (Rel.: Gomes Correia), P.3100/02.

Acordou o TCAS que, *"existindo o non liquet sobre certos "custos financeiros"directamente relacionados com a actividade normal da impugnante e não se pro-*

---

[5] Tomás de Castro Tavares, Da relação de dependência Parcial entre a Contabilidade e em Direito Fiscal na determinação do Rendimento Tributável das Pessoas Colectivas, Algumas reflexões ao nível dos custos, CTF, n.º 396, págs. 7 e segs.

vando que tais custos são totalmente estranhos à mesma, tem de aceitar-se, em tal situação, o nexo causal de indispensabilidade que deve existir entre os custos e a obtenção dos proveitos ou ganhos".

Mais uma vez aqui se assenta no princípio da liberdade de gestão. Considerando-se que só não serão custos fiscais os totalmente estranhos à actividade normal da empresa.

5.2. *A Doutrina*

O Autor que em Portugal mais analisou esta matéria – Tomás de Castro Tavares –[6] escreve que confrontando as três interpretações possíveis em termos da interpretação da regra constante do art. 23.º do CIRC (indispensabilidade como sinónimo de absoluta necessidade, ou como significado de conveniência, ou identificando-se com a noção de interesse societário) parece evidente que, da noção legal de custo fornecida pelo art. 23.º do CIRC, não resulta que a Administração Tributária possa pôr em causa o princípio da liberdade da gestão, sindicando a bondade e oportunidade das decisões económicas da gestão da empresa e considerando que apenas podem ser assumidos fiscalmente aqueles de que decorram, directamente, proveitos para a empresa ou que se revelem convenientes para a empresa. A indispensabilidade a que se refere o art. 23.º do CIRC como condição para que um custo seja dedutível não se refere à necessidade (a despesa como uma condição "sine qua non" dos proveitos), nem sequer à conveniência (a despesa como conveniente para a organização empresarial) sob pena de

---

[6] Ob. cit. a propósito do Ac. do STA

intolerável intromissão da Administração Fiscal na autonomia e na liberdade de gestão do contribuinte, mas exige, tão-só, uma relação de causalidade económica, no sentido de que basta que o custo seja realizado no interesse da empresa, em ordem, directa ou indirectamente, à obtenção de lucros. A noção legal de indispensabilidade recorta-se, portanto, sobre uma perspectiva económico-empresarial, por preenchimento directo ou indirecto, da motivação última de contribuição para a obtenção de lucros. Os custos indispensáveis equivalem aos gastos contraídos no interesse da empresa ou, por outras palavras, a todos os actos abstractamente subsumíveis num perfil lucrativo. Este desiderato aproxima, de forma propositada, as categorias económicas e fiscais, através de uma interpretação primordialmente lógica e económica da causalidade legal. O gasto imprescindível equivale a todo o custo realizado em ordem à obtenção de ingressos e que represente um decaimento económico para a empresa. Em regra, portanto, a dedutibilidade fiscal do custo depende, apenas, de uma relação causal e justificada com a actividade da empresa. E fora do conceito de indispensabilidade ficarão apenas os actos desconformes com o escopo social, aqueles que não se inserem no interesse da sociedade, sobretudo porque não visam o lucro.

Em termos de jurisprudência, o mesmo autor, referenciando vários arestos do STA e do TCA, dá-nos conta do recurso ao conceito de "relação de exigente indispensabilidade" entre custos e proveitos ou "indispensabilidade eficiente", de recurso ao conceito de "obrigatoriedade ou de exigibilidade (a decisão sobre se um custo é indispensável ou não fica depender, em exclusivo, da respectiva origem: se o custo provier de alguma obrigação legal ou contratual, tal como se encontram definidas no Código Civil, então o mesmo terá o epíteto de indispensável, caso contrário não); e do recurso ao conceito de indispensabilidade ajuizada em função da normalidade básica do gasto (não alcançando por isso prova de relevância e indispensabilidade relativamente aos proveitos do contribuinte). E analisando criticamente as decisões em causa, o autor contesta o recurso a expressões como "relação de exigente indispensabilidade" entre custos e proveitos ou "indispensabilidade eficiente", pois isso «pressupõe um juízo "a posteriori" sobre a decisão empresarial» já que «estamos perante uma construção que privilegia o elemento do resultado ou destino do custo (a respectiva consequência tem de ser a obtenção de um proveito) e que, como facilmente se constata, restringe a aceitação da dedutibilidade fiscal das despesas às que produzem resultado. Todavia, um custo indispensável não pode ser somente aquele que implique, de forma directa, a obtenção de determinados proveitos. O juízo que se faça sobre o alcance da utilização do termo indispensabilidade deve admitir, no mínimo, uma potencialidade abstracta para a obtenção daqueles proveitos. É que, nunca é demais relembrá-lo, há formas subtis e não evidentes de contraprestação que o Fisco e o próprio tribunal não estão em condições de conhecer e sequer avaliar. Por outro lado (…) tal equivaleria a abrir a porta a uma perigosa sindicância "a posteriori" da dedutibilidade do custo, em função dos respectivos resultados, Ou seja, à consagração de um poder geral de intromissão na gestão da sociedade, atribuído ao Fisco e aos tribunais, restrição que dificilmente quadraria com a liberdade de iniciativa económica prevista no artigo 61.º da nossa Constituição».

E contesta, igualmente, o uso do conceito "obrigatoriedade ou de exigibilidade", dado que se traduz na «… abordagem clássica da indispensabilidade, assente na obrigatoriedade do custo, e, consequentemente, na respectiva exigibilidade (ou possibilidade de exigência). (…) Parte de um conceito rígido de indispensabilidade, que privilegia a origem do custo, o que leva a que a mesma seja reconduzida à família das teses que defendem um acepção restritiva do termo. (…) Tal interpretação deve

Autonomia Contratual e Direito Tributário

ser afastada, por ser demasiado limitativa, mesmo que confinada às fronteiras dos encargos de natureza administrativa. (…) Por outro lado, as limitações inerentes a esta interpretação são evidentes quando transposta a fronteira dos encargos de natureza administrativa. Como compatibilizar esta visão restritiva com a abertura manifestada pelo próprio legislador, que inclui no catálogo exemplificativo do art. 23.º do CIRC despesas não obrigatórias como as relacionadas com publicidade ou com investigação e desenvolvimento? Ou com as despesas de representação? As insuficiências deste critério interpretativo estão à vista. (…) Nem na lógica empresarial, nem na própria disciplina do imposto a configuração dos custos (tal como dos proveitos) está dependente de uma qualquer obrigação (ou direito). Em suma, fundar a não dedutibilidade de um determinado encargo com base na respectiva natureza (obrigatória/não obrigatória) é via que não nos parece segura e que se presta a maiores dificuldades do que aquelas que pretende resolver, podendo, inclusivamente, levar o sujeito passivo a conseguir alegar e provar a justificação económica da despesa realizada e a sua ligação com os proveitos obtidos, mas ver tal esforço revelar-se infrutífero, dada a rigidez da formulação legal na interpretação aqui acolhida.» Finalmente, quanto ao uso do conceito de "indispensabilidade em função da normalidade básica do gasto", o autor refere que «a sua eficiência, em termos de normalidade, e por demais problemática e longínqua nos seus efeitos para que as verbas despendidas recebam ou possam receber o tratamento e qualificação de custo à base do art. 26.º invocado».

Neste sentido vai, também, o entendimento de António Moura Portugal[7], quando sustenta que «A solução acolhida

---

[7] A Dedutibilidade dos Custos na jurisprudência Fiscal Portuguesa, Coimbra Editora, 2004, pags. 113 e sgs.

entre nós (pelo menos na doutrina), na esteira dos entendimentos propugnados pela doutrina italiana, tem sido a de interpretar a indispensabilidade em função do objecto societário», que esta exigência da indispensabilidade dos custos para a realização dos proveitos ou manutenção da fonte produtora se encontrava «inicialmente associada a uma condição de "razoabilidade" (artigo 26.º do CCI)» e que se é certo «que a "razoabilidade» está presente em algumas disposições do CIRC, de forma expressa (23.º),... deixou de ser tolerável a sua utilização como fundamento para limitar quantitativamente os encargos incorridos pelos sujeitos passivos. O problema é que o Fisco tem vindo a utilizar a indispensabilidade para precludir que determinados gastos, por si valorados como excessivos ou inapropriados, possam ser acolhidos pelo balanço fiscal. Talvez por isso se note na doutrina uma propensão para uma interpretação ampla do termo, recusando qualquer leitura do mesmo que pressuponha ou contemporize com juízos subjectivos do controlador publico sobre a bondade da gestão empreendida (…). A indispensabilidade deve assim ser aferida a partir de um juízo positivo da subsunção na actividade societária, a qual, por natureza, não deve ser sindicada pelo direito Fiscal, que se não deve imiscuir, muito menos valorar as decisões empresariais do contribuinte. Só esta concepção está de acordo com os princípios de liberdade de gestão empresarial e, ao mesmo tempo, respeita interesses específicos do direito fiscal (que estão na base da limitação expressa que é feita à dedutibilidade de certos encargos). Os custos indispensáveis equivalem, assim, aos gastos contraídos no interesse da empresa. A dedutibilidade fiscal do custo deve depender apenas de uma relação justificada com a actividade produtiva da empresa e esta indispensabilidade verifica-se "sempre que – por funcionamento da teoria da especialidade das pessoas colectivas – as operações societárias se insiram na sua capacidade, por subsunção ao respectivo escopo societário e, em especial, desde que se conectem com a obtenção de lucro ainda que de forma indirecta ou mediata"».

Para este Autor, a interpretação a favor da indispensabilidade «deve ser aferida a partir de um juízo positivo da subsunção na actividade societária. Este, por sua vez, não deve ser sindicado pelo fisco ou pelos tribunais, porque a isso obriga a liberdade de iniciativa económica. (...) uma interpretação da indispensabilidade em função do objecto social e da actividade desenvolvida pela sociedade. A identificação com a actividade comercial, industrial ou agrícola desenvolvida pelo sujeito passivo é critério suficiente. Se se quiser falar de "relação causal", esta pode ter lugar por via de uma ligação entre os custos e a actividade da empresa. Nunca entre os custos e os proveitos ou a manutenção da fonte produtora».

5.3. *Doutrina e Jurisprudência francesas*

A doutrina e a jurisprudência francesas ocupam posição do maior relevo na análise dos custos relevantes fiscalmente, utilizando o instituto do "acto anormal de gestão".

Assim, Maurice Cozian[8] distingue entre os custos da empresa e os custos pessoais do sócio: "não se podem inscrever nos custos gerais dedutíveis dos resultados da sua empresa, nem os elementos do seu nível de vida pessoal, nem as diversas contribuições prestadas aos membros da sua família, por ex., à sua "amiguinha". Mesmo numa empresa pessoal, não se misturam os negócios privados e a vida da empresa". Excluem-

---

[8] Précis de fiscalité des entreprises, 26.ª ed., Litec, Paris, 2002--2003, pág. 64 e segs.

-se também as despesas sumptuárias[9] como despesas de caça e pesca, utilização de iates, ou utilização de residência de férias.

"As despesas que, no seu princípio, não têm ligação com o interesse da empresa não devem ser tomadas em consideração para a determinação da matéria colectável daquela[10]. Como "as vantagens directas ou indirectas atribuídas em benefício dos dirigentes da sociedade" (p. 646).

Se é certo que "a empresa é um património autónomo cuja exploração tem por vocação produzir um lucro, o juiz, não mais do que a administração, não poderá admitir que este lucro, maior ou menor segundo a qualidade da gestão, seja desviado no interesse de terceiro. Por outras palavras: a matéria colectável que pertence à empresa, deve ficar nela..."[11]. Não é menos certo que a gestão pode ser melhor ou pior, e que o Fisco só pode contar com os resultados dessa gestão. Assim, o acto anormal de gestão será aquele praticado exclusivamente no interesse de um terceiro perante a empresa, ou que acarreta para a empresa uma vantagem mínima perante a vantagem que traz a um terceiro[12].

Não se considerando que o erro de gestão ou a má gestão integrem o conceito de acto anormal de gestão (p. 19).

É certo que a Administração Fiscal francesa tentou, por vezes, ligar o conceito de acto anormal de gestão ao objecto social de uma sociedade, em termos de o acto relevando de uma actividade estranha a esse objecto ser um acto anormal de

---

[9] Ob. cit., p. 67

[10] Ob. cit., p. 645.

[11] Cons. État, 10 Julho 1992, req. n.º 110. 213 – cit. por Christian Bur, L'Acte anormal de gestion, EFE, Paris, 1999, pág. 12.

[12] Ob. cit., p. 15.

gestão. Contudo, esta exigência, que teria levado a impor às empresas limitarem-se às actividades que já exercem ou obrigá-las a estabelecer uma ligação entre estas e uma tentativa de diversificação, foi afastada pelo Conselho de Estado[13].

O acto anormal de gestão pressuporia que se prosseguisse um interesse estranho à empresa[14].

Ou seja: o conceito de acto anormal de gestão em Direito Fiscal representa a transposição para o Direito fiscal do conceito de Direito Privado de acto não conforme ao interesse social[15]. Acto que envolveria a responsabilidade de quem o praticou perante a sociedade ou, mesmo, a ineficácia daquele perante esta. Não havendo acto anormal de gestão se os gerentes ou administradores observaram os deveres de cuidado e lealdade dos seus cargos, previstos no art. 64.º, 1 do Código Sociedades Comerciais, sobretudo os deveres de lealdade no interesse da sociedade e dos sócios[16]. Não havendo responsabilidade – e, portanto, acto anormal de gestão, – quando "o membro da direcção, na base de informação adquirida, devia razoavelmente aceitar que, aquando da decisão empresarial, agia em prol da sociedade" – §93/I do AktG Alemão.

Sintetizando, diremos que, para a aplicação do disposto no n.º 1 do art. 23.º do CIRC, é necessário que se verifiquem os seguintes pressupostos.

---

[13] Aut. ob. cits., p. 22.

[14] Aut. ob. cits., pág. 24, cit. O. Fouquet.

[15] Aut. ob. cits., p. 38.

[16] Vd. sobre esta matéria, António Menezes Cordeiro, "Os deveres fundamentais da Administração das Sociedades (Artigo 64.º, 1, do CSC)", na ROA, Ano 66, Set. 2006, p. 443 e segs.

Primeiro: não é atribuído ao intérprete – seja ele a Administração Fiscal – qualquer poder discricionário ou sequer de livre apreciação (para além do inerente à interpretação/aplicação da lei segundo as regras da hermenêutica jurídica);

Segundo: Existe (também) nesta matéria o princípio da liberdade de gestão das empresas – que resulta da liberdade inerente a qualquer actividade humana e do reconhecimento da propriedade privada dos meios de produção e da iniciativa privada (artigos 61.° e 62.°da Constituição República)

Terceiro: Cabem, e só cabem, no disposto no art. 23.°, 1, como custos não relevantes fiscalmente, os "totalmente estranhos" à actividade da empresa.

Quarto: O carácter de estraneidade em relação à actividade da empresa tem como ingrediente, mas não se esgota, na referência ao objecto social da empresa. Assim, o acto relevando de uma actividade estranha a esse objecto não é necessariamente um acto estranho à empresa, em termos de acto anormal de gestão. A empresa não pode ser limitada às actividades que já exercia ou ser obrigada a estabelecer uma ligação entre estas e uma tentativa de diversificação.

Quinto: Acto anormal de gestão será aquele que é pessoal dos sócios, ou que não foi praticado no interesse da empresa, mas só de terceiro.

Sexto: O conceito de acto anormal de gestão (acto estranho aos interesses da empresa) representa a transposição para o Direito Fiscal de um conceito de Direito Privado, de acto não conforme ao interesse social. Acto que envolveu a responsabilidade do que o praticou, quer o gerente ou administrador tenham violado os seus deveres de cuidado e de lealdade, pre-vistos no art. 64.°, 1 do Código Sociedades Comerciais. Não havendo responsabilidade quando "o membro da direcção, na base da informação adquirida, devia razoavelmente aceitar que, aquando da decisão empresarial, agiu em prol da socie-dade" (§ 93/I do AktG alemão, cit.).

Sétimo: Se o art. 23.°, 1 do CIRC pudesse ser interpre-tado/aplicado em termos de permitir à Administração Fiscal um juízo crítico sobre a administração das empresas, inte-grando um poder discricionário ou margem de livre aprecia-ção, seria inconstitucional por violar o disposto nos arts. 61.° e 62.° da Constituição da República.

A elisão fiscal e o acto anormal de gestão são duas figuras distintas, embora em certas situações possa haver ao mesmo tempo uma elisão fiscal e um acto anormal de gestão[17].

O acto anormal de gestão supõe que seja prosseguido um interesse estranho à empresa, enquanto a elisão fiscal, se excluirmos a simulação, pressupõe que seja prosseguido o inte-resse (fiscal) da empresa. Perante a teoria do acto anormal de gestão, o *acto elisivo* é um *acto normal*.

Constituiria um acto anormal de gestão, sancionado nesta sede e não enquanto "elisão", a renúncia por uma socie-dade, a favor dos seus accionistas, a direitos de compra de bens ou acções de terceiros que já tivesse adquirido. Embora o fizesse com vista a evitar o pagamento de imposto, por ela própria e depois pelos accionistas, sobre os dividendos. A invalidade do acto anormal de gestão consumiria a ineficácia do acto elisivo.

---

[17] C. Bur, ob. cit., p. 24.

Seria acto anormal de gestão fazer uma liberalidade ao vendedor, aceitando pagar a mercadoria por um preço demasiadamente elevado, o que afastaria a aplicação das normas anti-elisão. Haveria simulação quando se celebra uma compra, mas ocultando o verdadeiro preço. A simulação consumirá o sentido normativo da elisão se os bens adquiridos forem pagos a um preço superior ao real sendo o fim autêntico da operação iludir o imposto devido posteriormente em razão das mais-valias obtidas quando da revenda dos bens.

A qualificação como acto anormal de gestão, a ter lugar, *consome*, também para efeitos fiscais, o sentido normativo do outro instituto concorrente.

O acto anormal de gestão será um acto ilícito – pelo menos, no sentido de ineficaz perante a empresa, ou por envolver perante esta a responsabilidade do seu autor. O sentido normativo das normas que o prevêem consome o sentido das normas fiscais anti-elisão. O acto anormal de gestão não será considerado como um acto da empresa (sem prejuízo de eventual protecção de terceiros), nomeadamente para efeitos fiscais. Pelo que não haverá que aplicar as normas anti-elisão.

5.4. *Acto anormal de gestão e preços de transferência*

Nesta ordem de ideias, as normas sobre preços de transferência (art. 58.º do CIRC) ver-se-ão consumidas, por vezes, pela invalidade dos actos anormais de gestão. Verificado um destes actos, não haverá necessidade de "corrigir" o acto através das normas dos preços de transferência, por tal acto ser, em si mesmo, inválido.

6. Simulação. Falsidade de documentos e interposição real de pessoas

A simulação também prevalece sobre a ineficácia dos actos previstos no art. 38.°, 2 da LGT, sendo distinta deste tipo legal. Os actos elisivos são actos verdadeiros, desejados. Há unicamente uma intenção de diminuir a carga fiscal, utilizando estruturas jurídicas anómalas. Anómalas, mas verdadeiras. O que não sucede na simulação[18].

Passemos a definir e a caracterizar esta última.

O art. 240.° do Código Civil português fixa três requisitos para a simulação: um acordo entre o declarante e o declaratário; no sentido de uma divergência entre a declaração e a vontade das partes; e o intuito de enganar terceiros.

Na simulação, as partes acordaram em emitir declarações não correspondentes à sua vontade real, para enganar terceiros. Haverá portanto três acordos de vontades: um acordo simulatório; um acordo dissimulado; e um acordo simulado. O acordo simulatório estrutura a operação e dá corpo à intenção de enganar terceiros; o acordo dissimulado exprime a real vontade das partes; o acordo simulado traduz uma aparência de contrato destinada a enganar terceiros[19].

O acordo entre as partes é determinante para se separar a simulação do erro ou reserva mental. A divergência entre a

---

[18] Para uma análise da simulação e das normas anti-elisivas, Heleno Torres, Direito Tributário e Direito Privado, S. Paulo, Editora Revista dos Tribunais, 2003, esp. p. 281 e segs.

[19] Menezes Cordeiro, Tratado de Direito Civil português, I, Parte Geral, I, Coimbra, Almedina, 1999, p. 55; Carlos Alberto da Mota Pinto, teoria Geral do Direito Civil, 4.ª ed. por António Pinto Monteiro e Paulo Mota Pinto, Coimbra, Coimbra Editora, 2005, p. 466 e segs.

vontade e a declaração é o elemento essencial da simulação; o intuito de enganar terceiros, que não se confunde com a intenção de os prejudicar, prende-se com a actuação voluntária de criar uma aparência.

A simulação é <u>absoluta</u> quando as partes não pretendam celebrar qualquer negócio. É <u>relativa</u> sempre que, sob a simulação, se esconder o negócio verdadeiramente pretendido, o negócio dissimulado. É absoluta quando a divergência voluntária recaia sobre o objecto do negócio ou sobre o seu conteúdo. E é relativa sempre que ela incida sobre as próprias partes.

A simulação não se confunde com a *falsidade de documentos*. Na simulação, os documentos que formalizam o contrato são verdadeiros, não são falsos; as declarações que contêm correspondem às declarações de vontade das partes[20].

Também se distingue do <u>negócio indirecto</u>. Este é efectivamente querido, só que com um escopo diverso do seu escopo normal. Se aquele escopo for proibido, o negócio é inválido.

Na <u>fidúcia</u>, o fiduciário só pode exercer os seus direitos com os fins e dentro dos limites assinalados pelo fiduciante. Estaremos normalmente perante negócios indirectos.

Na <u>interposição real de pessoas</u>, a vontade das partes é no sentido da efectiva triangulação, devendo os bens e os direitos percorrer o circuito assinalado. Poderá ser um negócio ilícito (em fraude à lei) se o direito vedar tal triangulação.

Na Itália, os artigos 1414.º e segs. do Código Civil determinam que o contrato simulado não produz efeitos entre as partes podendo, todavia, produzi-los o dissimulado, desde que reúna os requisitos legais de substância e de forma. Não podendo a simulação ser oposta a terceiros de boa fé.

---

[20] Sobre as "facturas falsas", vd. *infra* 36 e segs.

Quando o negócio for simulado, a sanção jurídica da simulação consome o relevo jurídico-fiscal do acto simulado. É o que determina o art. 39.° da LGT portuguesa, ao determinar que a tributação recai sobre o negócio jurídico real e não sobre o simulado.

7. Abuso de direito

Passamos agora a analisar o concurso da norma anti-elisão com instituto do abuso de direito. E, também, a possibilidade de qualificar os actos ou negócios previstos no art. 38.°, 2 da LGT como abusivos (para efeitos de direito fiscal)[21].

O art. 334.° do Código Civil português (abuso de direito) dispõe que é ilegítimo o exercício de direito quando o titular exceda manifestamente os limites impostos pela boa fé, pelos bons costumes ou pelo fim social ou económico desse direito.

Não me parece ser uma norma de fácil interpretação, nem particularmente útil no que se refere à delimitação do conceito de abuso de direito.

Partamos de uma primeira noção: identidade entre o abuso de direito e o exercício anti-social de direitos; intenção do autor de ultrapassar manifestamente os limites do direito, com prejuízo do sujeito passivo do direito subjectivo[22].

---

[21] Neste sentido, Jorge Bacelar Gouveia, A evasão fiscal na interpretação e integração da lei fiscal, Ciência e Técnica Fiscal, 373, 1994, p. 41.

[22] Diez-Picazo (Luis), El abuso del derecho y el fraude de la ley en el nuevo titulo preliminar del Código Civil y el problema de recíprocas relaciones, in Documentación jurídica, n.° 4, 1974, p. 1333.Vd. também, com interesse para esta matéria, Carrasquer Clari(Maria Luisa), El pro-

Fiquemos com a ideia, para já, de que ser ilegítimo significa que é ilícito.

No abuso de direito há limitações ao exercício de direitos. Contudo, estas limitações só são determináveis em concreto; correspondem a exigências globais que se projectam em certos comportamentos; e equivalem, no entender de Menezes Cordeiro, a uma regra de conduta segundo a boa fé[23].

O sistema jurídico, como conjunto de valores plasmados em normas, tem exigências que se projectam no interior dos direitos subjectivos. É o desrespeito a essas exigências que dá azo ao abuso de direito.

A conduta contrária ao sistema é disfuncional. É esta disfuncionalidade intrasubjectiva que constitui a base ontológica do abuso de direito. Com efeito, um sistema jurídico postula um conjunto de normas e princípios de Direito, ordenado em função de um ou mais valores ou interesses. Este conjunto valida um conjunto de comportamentos que, situando-se no espaço de liberdade do sistema, são juridicamente permitidos. O não acatamento das imposições, ou o ultrapassar o âmbito das permissões, contraria o sistema. O sistema jurídico enquanto conjunto de valores e de normas supera o somatório simples das normas que o originam. "Há áreas cuja funcionalidade não se prende, directa ou indirectamente, com nenhuma ordem jurídica"; veja-se o art. 10.º, n.º 3 do Código Civil ("espírito do sistema")[24]. O sistema jurídico consubstanciar-se-á em permissões normativas específicas que, uma vez vio-

---

blema del fraude a la ley en el derecho tributário, Titant, Valencia, 2002, esp. p. 153 e segs.

[23] Tratado de Direito Civil português, I, Parte Geral, IV, Coimbra, Almedina, 2005, p. 244 e segs., esp. p. 355 e segs., em que assentamos a noção de abuso de direito.

[24] Menezes Cordeiro, ob. cit., p. 368.

ladas, determinam a ilicitude. Mas também pode estar presente através do seu "espírito" ("do sistema"), tornando ilícitos comportamentos que, embora concordantes com normas jurídicas concretas, vão contra esse próprio "espírito". Os direitos subjectivos decorrem da liberdade fundamental que caracteriza o ser humano, ou constatada pelo sistema jurídico. Mas trata-se de uma liberdade impregnada pelos valores do sistema jurídico, embora este os tenha recolhido necessariamente fora dele. Portanto, no abuso haverá uma contrariedade em relação a estes valores. Segundo Menezes Cordeiro, a boa fé exprime estes valores fundamentais do sistema[25]. Dizer que no exercício dos direitos se deve respeitar a boa fé, significa que nesse exercício se devem observar os valores fundamentais do próprio sistema que atribui os direitos em causa[26]. As consequências da ilicitude (ilegitimidade) do exercício dos direitos podem traduzir-se na supressão do direito; na cessação do concreto exercício abusivo do direito, mantendo-se contudo este direito; num dever de restituir; num dever de indemnizar, quando se verifiquem os pressupostos de responsabilidade civil, nomeadamente a culpa[27].

A terminar, dir-se-á que o abuso de direito só existe em casos excepcionais, não podendo nunca ser usado como panaceia universal[28].

Ora bem: é com este carácter de "panaceia" universal que o art. 38.º, 2 da LGT pode ser visto pelo intérprete. Em termos de se rejeitarem todos os comportamentos que não acarretam para o fisco o resultado que este gostaria de obter.

---

[25] Aut. ob. cits., p. 366 e 371 e segs.
[26] Aut. ob. cits., p. 372.
[27] Aut. ob. cits., p. 373-4.
[28] Aut. ob. cits., p. 376.

E é este carácter de panaceia que há que afastar, a bem da certeza e segurança do Direito.

Assim, há que delimitar bem o seu âmbito de aplicação nos campos privado e fiscal. E acentuar as soluções que devem ser dadas ao concurso de normas civis e tributárias. Assim, pode ser construído um negócio ou um conjunto de negócios que preencham os requisitos do art. 38.°, 2, mas que, "antes", em si mesmos, representam abuso de direito. Verificado o abuso de direito (privado), o acto inválido enquanto tal também não produzirá efeitos fiscais, por força daquela invalidade, que não por efeito do art. 38.°, 2 da LGT.

Suponha-se (talvez...) que se transforma uma sociedade por quotas em sociedade anónima só para obter vantagens fiscais; sem haver vantagem societária. Tratar-se-á de um acto contra o "espírito" do direito das sociedades, contra a boa fé, sancionado pela proibição do abuso de direito. A sociedade continuará a ser por quotas, pelo que a transformação não produzirá efeitos fiscais.

Se tal "reconversão" não for possível, então, e só então, actuará a sanção do art. 38.°, 2 da LGT.

III

ELISÃO E FRAUDE À LEI, NEGÓCIO FIDUCIÁRIO E NEGÓCIO INDIRECTO

8. Os institutos de direito civil com campo de aplicação coincidente

Indicámos alguns institutos que são prévios e excludentes das normas anti-elisão na medida em que consomem o sentido normativo destas. Passamos a outra categoria de institutos, os que têm, ou podem ter, um campo de aplicação coincidente com o das normas anti-elisão. Podendo enquadrar instrumentos que servem para prosseguir os fins prosseguidos pelos actos e negócios declarados inválidos (ineficazes) pela norma anti--elisão. Há, contudo, que analisar, primeiro, já o dissemos, se os actos de direito privado não serão declarados inválidos com base num instituto de direito privado. Caso em que não terão, enquanto tais, relevância fiscal, nomeadamente para efeitos do art. 38.°, 2 da LGT.

Tais institutos: fraude à lei, negócio fiduciário e negócio indirecto, também terão a virtualidade de ajudarem a entender o sentido da norma geral anti-elisão.

Com efeito, o direito tributário coincide com diversos ramos do direito mais elaborados, mais organizados dogmaticamente e é penetrado por estes. Os institutos, os conceitos e as técnicas destes ramos do direito servirão para "esclarecer" o direito tributário, levando a uma melhor compreensão deste e dos seus institutos e conceitos.

Como o art. 38.º, 2 da LGT se refere a "abuso" e "fraude", os institutos de direito privado que assentam nestes conceitos servirão para uma melhor compreensão da elisão em direito tributário. Já referimos o abuso de direito. Passamos à fraude à lei.

9. Fraude à lei

Para o Direito romano violaria a lei quem faz o que a lei proíbe; defraudaria a lei quem, sem atentar contra o teor da lei, violar o sentido da lei (Paulus, D.1.3.29). Esta distinção partia da separação entre a letra e o espírito da lei.

A doutrina alemã[29] considera que há um negócio em fraude à lei quando as partes procuram alcançar o escopo de um negócio proibido por causa desse mesmo escopo, com o auxílio de negócio não proibido. Ou seja: quando é estatuída a proibição do escopo, todos os negócios que permitam lá chegar estão proibidos. Portanto, não haveria uma teoria autónoma de fraude à lei. Esta autonomia só se justificava quando a interpretação se cingia à letra da lei. Hoje, em que a interpretação tem a letra da lei como um dos elementos a considerar, mas não o único, é preciso determinar o alcance, a interpretação ou os interesses em jogo, ir para além da letra, para se determinar se o negócio é lícito ou ilícito.

---

[29] Larenz/Wolf, Schuldrecht, II, 8.ª edição, p. 740

Na Itália, nos termos do art. 1344.° do Código Civil, considera-se ilícita a causa quando o contrato constitua um meio para iludir a aplicação de uma norma impositiva. A sanção é a nulidade do negócio.

Há nesta matéria duas teorias: a objectiva e a subjectiva.

Para a *teoria objectiva* há fraude à lei quando o acto visado prossegue, em si mesmo, um fim proibido. Para a *teoria subjectiva*, haverá uma intenção do agente de evitar a aplicação de uma norma imperativa.

A doutrina mais recente tem ligado o elemento subjectivo ao elemento objectivo: o agente recorreria a uma combinação de actos lícitos para prosseguir um fim ilícito.

Beleza dos Santos[30] aderira à construção germânica, negando autonomia ao instituto.

"Tudo depende portanto da interpretação e nada fica como âmbito autónomo para a doutrina da fraude à lei, não podendo por isso contrapor-se os actos de fraude à lei ou os actos contra a lei.

Na verdade os primeiros ofendem a letra do texto legal, os segundos, o seu espírito, mas uns e outros violam a lei, porque letra e espírito são elementos essenciais e inseparáveis da norma legal. Somente num caso a violação é mais clara, no outro mais oculta, numa mais grosseira e franca, no outro mais artificiosa e disfarçada".

Manuel de Andrade pôs também em causa a autonomia da fraude, reconduzindo-a à interpretação jurídica. Assim e para este Autor[31]: "Todo o problema se reduz ao da exacta interpretação da norma proibitiva, segundo a sua finalidade e alcance substancial. Isto posto, haverá fraude relevante caso se mostre

---

[30] A Simulação, I, p. 101 e segs.

[31] Teoria Geral, II, p. 337 e segs.

que o intuito da lei foi proibir não apenas os negócios que especificamente visou, mas quaisquer outros tendentes a prosseguir o mesmo resultado, só não os mencionando por não ter previsto a sua possibilidade, ou ter deliberadamente mero propósito exemplificativo. Fala-se neste caso em normas materiais. Não haverá fraude relevante caso se averigúe que a lei especificou uns tantos negócios por só ter querido combater certos meios (esses mesmos negócios) de atingir um dado fim ou resultado, em razão de os julgar consideravelmente graves e perigosos.

O Código Civil de 1966 não se refere à fraude à lei.

Os Autores seguintes ao Código Civil mantiveram os pontos de vista da doutrina anterior. Poder-se-á assentar, segundo Menezes Cordeiro[32], que a fraude à lei é uma forma de ilicitude que envolve a nulidade do negócio. Segundo este Autor, se é proibido o resultado, também se proibem os meios indirectos para lá chegar; se é proibido apenas um meio, mantém-se a possibilidade de percorrer outras vias que a lei não proiba.

Parece-me que podemos dar como assente a irrelevância da fraude à lei como instituto autónomo[33].

Pese embora que Autores do maior prestígio invoquem a fraude à lei a propósito da cláusula geral anti-elisão. Assim, para Tipke e Lang[34] a fraude tributária seria uma derivação da fraude à lei. No mesmo sentido vai Palaio Taboada[35].

---

[32] Tratado, cit., I, I, p. 429.

[33] No mesmo sentido, V.Morello, Il problema della fraude alla legge nel Diritto Tributario, "Diritto e Pratica Tributaria", 1,1999, págs. 8-9;

Para uma análise mais desenvolvida do problema, vd. Marciano Godoi, Fraude a la ley y conflicto en la aplicación de las leyes tributárias, Instituto de Estudios Fiscales, Madrid, 2005.

[34] Tipke (K) e Lang (J.), Steuerrecht, t.15, 1996, p. 157.

[35] El fraude a la ley en Derecho Tributário, in "Revista de Derecho financiero y hacienda Publica", 63, 1966, p. 689.

10. Negócios fiduciários

Começamos pela figura dos negócios fiduciários que poderão ser um dos instrumentos susceptíveis de configurar estruturas "abusivas" ou "fraudulentas".

O negócio fiduciário abrange um leque vastíssimo de negócios. No direito continental, pode definir-se como um negócio atípico construído geralmente com base num tipo negocial que é adaptado a uma finalidade diferente da sua própria, através de um acordo obrigacional de adaptação (pacto fiduciário). Constituindo o negócio-base e o acordo um único negócio.

Há que distinguir: a relação interna que resulta do pacto fiduciário que vigora entre fiduciante e fiduciário; e as relações externas que o fiduciário estabeleça com terceiros.

Na relação interna, o fiduciário está vinculado pelo pacto fiduciário a conduzir-se e a agir sobre o bem fiduciado do modo e com o fim próprio da fidúcia. A sua posição jurídica está funcionalmente vinculada pela fidúcia.

Nas relações externas do fiduciário com terceiros, aquele continua vinculado pela fidúcia. Porém, o pacto fiduciário não é oponível a terceiros de boa fé que desconheçam, e não devam conhecer, a relação fiduciária.

Uma figura comum é a chamada fidúcia "cum amico", em que o fiduciante investe o fiduciário na titulariedade de um ou mais bens ou direitos, para que os mantenha, administre ou frutifique no interesse do beneficiário que pode ser o fiduciante, o próprio fiduciário, ou um terceiro[36].

---

[36] Sobre esta matéria, vd. Maria João Carneiro Vaz Tomé e Diogo Leite de Campos, Propriedade fiduciária (trust) – Estudo para a sua con-

O negócio fiduciário pode ser utilizado, e muitas vezes é-o, para construir estruturas jurídicas com o fim de iludir a tributação.

Suponha-se que A, residente em Portugal, retém lucros da sociedade B, que controla, numa sociedade de terceiro estado (C), com a obrigação de esta sociedade os reinvestir na sociedade B. C poderá ser considerada como fiduciária de B.

11. Negócios indirectos

A outra figura em que são integráveis, na totalidade ou em parte, situações também subsumíveis na cláusula anti-elisiva, é a dos negócio indirectos.

São negócios indirectos aqueles em que as partes utilizam um tipo negocial legal para prosseguir um fim que não é típico desse negócio, mas que pode ser alcançado através dele. "No negócio indirecto há uma diferença entre o fim típico e o fim indirecto que é efectivamente prosseguido"[37].

A modificação do negócio típico consiste na diferença do fim.

"No negócio indirecto há uma divergência entre a função típica e o fim concreto com que é celebrado" (fim indirecto)[38]. O fim indirecto vem contribuir para a disciplina jurídica do negócio indirecto. Não se reduzindo este ao negócio-base, pode influenciar o seu regime jurídico, o fim (indirecto) com

---

sagração no direito português, Coimbra, Almedina, 1999; Pedro Pais de Vasconcelos, Teoria Geral do Direito Civil, Coimbra, Almedina, 2005.

[37] Pedro Pais de Vasconcelos, Teoria geral do direito civil, Coimbra, Almedina, 2005, p. 474.

[38] Aut. ob. ult. cits., p. 474.

Autonomia Contratual e Direito Tributário

que é celebrado. Este fim indirecto é comum a ambas as partes (art. 281.º do Código Civil) e constitui um dos fundamentos concretos da celebração do negócio, se não mesmo o principal. Sem ele, as partes não o teriam celebrado. Assim, a interpretação e integração do negócio, a aplicação do Direito a este negócio, não podem ser feitos de tal modo que as partes, se os tivessem previsto, não teriam celebrado o negócio.

Distinguindo o negócio indirecto da simulação, diremos que no negócio indirecto não existe pacto simulatório, não existindo divergência intencional entre a vontade real e a vontade declarada, por não existir a intenção de criar externamente uma falsa aparência; também não existe acordo para enganar terceiros, pois as partes não querem esconder seja o que for, querendo só utilizar um certo tipo negocial para um fim que não corresponde à sua função típica[39].

São negócios indirectos *simples* aqueles em que as partes se limitam a utilizar um tipo negocial com um fim diverso da sua função própria, sem lhe aditarem cláusulas de adaptação ou outras convenções.

São *complexos* os negócios indirectos construídos através da adição de cláusulas[40]; o tipo negocial escolhido necessita, para se alcançar o fim indirecto, da estipulação de cláusulas especiais. O negócio indirecto combinado resulta da combinação de diversos negócios, embora formalmente separados. De modo a prosseguir-se um fim global que não seria prosseguido por cada um deles em separado.

O negócio indirecto pode colocar um problema de fraude à lei. Quando o negócio indirecto for ilícito por alcançar re-

---

[39] Aut. ob. ult. cits., p. 476.
[40] Aut. ob. ult. cits., p. 476-7.

sultados práticos contrários à lei, então é um negócio em fraude à lei.

Pode colocar também uma questão de licitude: saber em que medida é possível um desvio dos fins visados pela lei.

Dir-se-á que o negócio indirecto, uma vez demonstrada a real vontade das partes, é lícito na medida em que o seja o negócio encoberto. É este o regime da simulação (art. 240.°).

O negócio indirecto é um "nome", normalmente sem relevância jurídica. A não ser que os negócios em causa possam ser qualificados de simulados, por exemplo.

Mas é através deste "nome" que são prosseguidas muitas das estruturas fiscalmente "abusivas" ou "fraudulentas".

Deste modo o art. 38, 2 assumirá aqui relevo autónomo, por o negócio indirecto, por si mesmo, não ser ilícito.

Associam a cláusula geral anti-elisão a uma distorção da causa do negócio jurídico, Autores como Heleno Torres[41] e Cesar Garcia Novoa[42]. Este Autor escreve, a propósito do Direito alemão, que o conceito de abuso de formas jurídicas está muito perto do conceito de fraude à lei. A norma alemã entende, nos quadros de um sistema jurídico baseado no carácter abstracto do negócio, que as pretensões económicas devem alcançar-se através das pertinentes formas jurídicas que teriam uma função similar à da causa típica num sistema causalista[43].

---

[41] Direito Tributário e Direito Privado, Ed. Rev. Tribunais, S. Paulo. 2003, p. 270.

[42] Ob. cit., nom. p. 164.

[43] Ob. cit. p. 169/70.

IV

UMA EXPLICAÇÃO A AFASTAR:
A BOA FÉ/ABUSO DE DIREITO

12. Boa fé/abuso de direito e cláusula geral anti-elisão

Parece tentador explicar (enquadrar) a norma geral anti-elisão pela boa fé, fazendo-a derivar dos interesses que fundam esta e assentando-a na sua estrutura. Sobretudo hoje em que parece inequívoco que a boa fé se estende, não só à formação e cumprimento dos actos/negócios, mas também à sua validade/eficácia.

Recapitulemos a noção de boa fé[44].

A boa fé abrange todas as fases do comportamento relacional juridicamente relevante do sujeito. A formação do negócio; este mesmo; o seu cumprimento. Caminha-se, assim, de uma mera lógica de responsabilidade daquele que forma ou cumpre um negócio contra as regras da boa fé; para uma lógica de validade (nulidade, anulabilidade ou ineficácia) do próprio negócio concluído contra as regras da boa fé.

---

[44] Vd. supra n.º 7, sobre o abuso de direito.

Trata-se de uma progressão que, embora só hoje venha sendo acentuada[45], já se apercebia na doutrina quando se afirmava que quem abusa do seu direito age, na realidade, sem direito[46]. Passando-se de um controlo meramente externo ou funcional, para um controlo interno ou genético do acto ou do negócio.

Da violação da boa fé na conclusão dos negócios ou na prática do acto, poderá resultar, ou a sua privação de efeitos, total ou parcial, em termos de ineficácia, nomeadamente dos efeitos que afectariam a outra parte; ou, mesmo, nulidade ou anulabilidade.

No campo do Direito Civil – que, também nesta matéria, funda e serve de modelo ao Direito Tributário, "maxime" ao Direito das obrigações tributárias – a boa fé e o abuso de direito aparecem cada vez mais colocados à cabeça dos princípios gerais da ordem jurídica, por se referirem à própria substância do direito, ultrapassando o mero campo da responsabilidade civil[47].

Voltando à noção inicial de boa fé, parece-nos esclarecedora a passagem de Josserand (embora, possivelmente, estejamos a trair o pensamento do Autor), segundo a qual se pode ter

---

[45] Por todos, Stoffel-Munck (Philippe), L'abus dans le contrat. Éssai d'une théorie, LGDJ, Paris, 2000; Ribeiro (J. de Sousa) Direito dos contratos, Estudos, Coimbra, 2007, Coimbra Editora, 2007, A boa fé como norma de validade, págs. 207 e segs. Autor que me suscitou o interesse para esta considereações.

[46] Vd. Ghestin (J), Goubeaux(G.), Fabre-Magnan(M.), Traité de Dropit Cicil, Introduction générale, 4.ª ed, LGDJ, 1994, n.º 781; Capitant (Henri), Sur l'abus des droits, RTDC, 1928, 365.

[47] Vd. Niboyet (J-P9 e Houin (R.), Rapport à la commission de réforme sur le tître préliminaire du Code Civil, in Travaux de la commission de réforme du Code Civil, 1950-51, 1952, p. 11.

à disposição um certo direito, mas ter contra si o Direito na sua globalidade[48], caso em que o direito é destruído pelo Direito.

Seja como for, a análise da boa fé/abuso do direito leva a situar as qualificações na pesquisa do conteúdo "substancial" do direito, para além do seu conteúdo aparente. Devendo o seu conteúdo substancial ser determinado com recurso à globalidade do sistema jurídico e dos seus valores fundamentantes. No percurso de uma verdadeira interpretação/aplicação do Direito perante o caso.

Nesta ordem de ideias, o comportamento daquele que só (ou principalmente) tem em vista um fim de elisão fiscal, usando formas anómalas e em fraude à lei, iria contra a boa fé. Ou seja: o n.° 2 do art. 38.° da LGT seria um afloramento do princípio geral da boa fé. Podendo afirmar-se que, mesmo sem essa norma expressa, existiria idêntica sanção para tais actos: ineficácia por força da violação da boa fé,

Parece-nos uma explicação tentadora e credível.

Mas julgamos que a explicação é outra, embora muito próxima desta. A autonomia privada/liberdade negocial, existe (e é reconhecida pelo Direito) para prosseguir interesses próprios do sujeito nos quadros dos seus direitos, liberdades e garantias – nos quadros da sua esfera jurídica, em suma. Para gerir o seu projecto de vida e a sua empresa. Mas não pode, nomeadamente, servir para gerir os interesses de outrem, nomeadamente só os impostos, desinserida da esfera jurídica do próprio. Assim, vista a autonomia privada como competência/legitimidade, explica-se o disposto no n.° 2 do art. 38.° da LGT em análise.

---

48 Josserand (L), Relativité et abus des droits, in "Évolutions et actualités, conferences de droit civil", Sirey, Paris, 1936, p. 71 e sgs, esp. p. 89.

13. A boa fé em Direito Tributário

Não há que confundir a boa fé como (eventual) critério subjacente ao art. 38.°, 2 da LGT, com a boa fé sindicante dos actos tributários. No primeiro caso, estaria a sindicar actos prévios ao Direito Tributário, com consequências fiscais. No segundo caso, sindicaria os actos tributários em si mesmos, quer da Administração Tributária quer dos particulares.

Assim, aplicar-se-á aos contratos ou acordos sobre determinação e quantificação da matéria colectável, sobre o montante do imposto, a data de pagamento, etc.

A actuação dos interessados nestas matérias, mais ou menos vinculada, deverá ser "secundum" ou "praeter legem", nunca contra a lei aplicável. Mas aproxima-se da actuação dos sujeitos privados no uso da sua autonomia contratual.

O critério da boa fé aplica-se à formação e ao cumprimento destes contratos ou acordos, bem como à sua validade.

O procedimento administrativo tributário, enquanto actividade da Administração Tributária dirigida a liquidar os tributos, a fiscalizar a sua liquidação e cumprimento e a exigir o seu cumprimento, está sujeito ao princípio da boa fé.

Mas o seu âmbito está em parte ocupado, e o seu sentido normativo esgotado, por outros institutos de âmbito menor e núcleo menos impreciso, que servem interesses coincidentes com os da boa fé.

Queremos referir-nos, por ex., aos princípios da confiança e da previsibilidade que determinam que os contribuintes possam aceitar os actos administrativos "pelo seu valor facial", tal como são emitidos; esperando a produção dos efeitos correspondentes. A Administração Tributária deve comportar-se de modo homogéneo, coerente com os seus procedimentos anteriores, permitindo que se prevejam os seus actos futuros.

E auto-vincular-se aos actos que criaram confiança nos contri-buintes, independentemente de juízos posteriores sobre a sua legalidade[49]. Mas também nos referimos aos princípios da necessidade e da proporcionalidade que obrigam a Adminis-tração Tributária a afectar os direitos ou interesses dos admi-nistrados só na medida estritamente necessária para prosseguir os seus objectivos legais (de boa fé...)[50].

Mesmo no caso de poderes vinculados, estes princípios fazem parte do bloco normativo a aplicar, sendo integrantes do Direito[51].

Por aplicação, por ex., do princípio da confiança, se a Administração Tributária prestou ao contribuinte uma infor-mação errada num certo sentido, mesmo que ilegal, não poderá comportar-se de modo diverso, se o contribuinte tiver con-fiado. E deverá indemnizar o contribuinte de todos os danos sofridos, se a indicação era ilegal e o contribuinte sofreu danos.

Mesmo na falta de disposição expressa nesse sentido, o princípio da boa fé/imparcialidade determinará que a Adminis-tração Fiscal, no caso de proceder a uma correcção num exer-cício, deva proceder a correcções consequentes nos outros exercícios afectados.

Note-se que tanto a boa fé como os princípios indicados têm assento, não só na Constituição em sentido formal, como

---

[49] Para desenvolvimento, vd. João Taborda da Gama, Promessas administrativas – Da decisão de autovinculação ao acto devido, Coimbra, Coimbra Editora, 2008.

[50] Vd. Campos (Diogo Leite de), Rodrigues (Benjamim Silva) e Sousa (Jorge Lopes de), Lei Geral Tributária, Comentada e Anotada, Vislis, Lisboa, 3.ª ed., 2003, p. 278.

[51] Auts. ob. cits., p. 55.

na Constituição em sentido material, decorrendo directamente da noção de Estado de Direito como Estado de justiça (logo, da boa fé).

As normas de Direito Tributário prevêem o dever de boa fé tanto para a Administração Tributária como para os sujeitos passivos.

Assim, tanto esse dever geral, como aqueles princípios que lhe estão associados – proporcionalidade, confiança, previsibilidade, etc. – encontrarão lugar na apreciação dos com portamentos dos particulares dirigidos à liquidação e cumprimento dos impostos.

V

A LIBERDADE NEGOCIAL /AUTONOMIA PRIVADA COMO PRESSUPOSTO (ESPAÇO) A RESPEITAR PELA CLÁUSULA GERAL ANTI-ELISÃO

14. A cláusula geral anti-elisão limitada pela autonomia privada

O Estado-de-direito-democrático-dos-cidadãos é assente e moldado pela consciência de que cada pessoa humana é anterior à sociedade, tanto aquela como esta sendo livres, anteriores e superiores ao Estado e ao direito por este criado. Assim, no relacionamento entre as pessoas vigora um princípio essencial que é o da autonomia da vontade ou liberdade negocial. A regra é a da liberdade, em termos de cada um definir o seu projecto de vida e o prosseguir, administrar os seus bens e estabelecer relações com os outros em plena liberdade. Tendo porém de respeitar os limites impostos pelo ordenamento jurídico, através de normas concretas, ou pelos princípios por este assumidos, recolhidos nos valores essenciais da pessoa e da colectividade.

Assim, o Estado – no caso a Administração Tributária – não pode imiscuir-se na esfera da liberdade de cada indivíduo ou na gestão das sociedades. Dada a liberdade individual e colectiva de disposição do património; do livre exercício de actividades mais ou menos lucrativas; do manifestar a solidariedade para com os outros, nomeadamente através da filantropia, o Estado não pode exigir certos resultados económicos das actividades das pessoas, tributando-as na sua falta. A Administração tributária não pode substituir-se, "ex ante" ou "ex post", à vontade do indivíduo e da sociedade para apreciar a oportunidade, a necessidade ou a mera conveniência das decisões ou escolhas realizadas. Nunca se pode exigir ao cidadão (que também é contribuinte) que obtenha dos seus negócios o máximo de lucro que as circunstâncias lhe permitiriam realizar. É esta a regra que deve orientar o legislador fiscal ao criar normas e a Administração Tributária ao aplicá-las; é esta a principal garantia do contribuinte – cidadão, perante o Estado-legislador-administrador-juiz.

Assim, o cidadão celebrará os negócios que quiser, com os fins que entender. E o Direito fiscal – aqui incluída a norma anti-elisão – só pode aparecer depois, a reconhecer certos resultados e a tributá-los (ou a invalidá-los). E os limites que se estabeleçam à liberdade "natural" da pessoa e da sociedade têm de ser reduzidos e bem definidos.

15. Elisão e sociedade aberta

A concepção de liberdade que enunciámos deve mais às concepções tradicionais cristãs e liberais da Europa sobre a pessoa humana e a ética, do que a qualquer ideia de que "numa sociedade organizada os pretensos direitos subjectivos são direitos-funções"[52]. Nem estamos, como pretende o actual

---

[52] Josserand(L.), De l'esprit des droits et de leur relativité: théorie dite de l'Abus des Droits", 2.ª ed., Dalloz, Paris, 1939, n.° 292.

Código Civil brasileiro (art. 421.°), a atribuir aos contratos uma função social – para além da de adensarem o tecido social através de manifestações de solidariedade fundadas na boa fé.

Sociedade fechada (podemos generalizar), contra a sociedade aberta que defendemos, seria aquela organizada pelo legislador, ao ordenar os fins sociais dos direitos, nos quadros de um organicismo acentuadamente político-legalista[53].

A sociedade fechada, hierarquizada e dirigida, caracterizar-se-ia pela existência de objectivos comuns que vinculariam todos e cada um dos seus membros. Cada um teria no grupo o seu lugar e a sua função.

Foi Platão que lançou as bases desta concepção que animava a cidade-estado grega e a família até aos tempos de hoje[54]. Mas também surgiram concepções de sociedade fechada como a medieval assente em ordens ou estados, e a marxista/leninista, pesem as diferenças radicais entre os pontos de partida e de chegada entre estas concepções e as respectivas práticas.

Neste momento, bastará dizer que as sociedades contemporâneas abertas se fundam em concepções da liberdade/ /autonomia da pessoa humana incompatíveis com o organicismo social. E que o Estado fiscal assenta numa sociedade aberta, à qual se sobrepõe, respeitando os resultados do seu funcionamento e os direitos da personalidade[55].

---

[53] Sobre a distinção, vd. Hayeck (F.), Droit, législation et liberté, II, Le mirage de la justice sociale, PUF, Paris, 2.ª ed., 1986, págs. 175 e segs.; Popper (K.), La société ouverte et ses ennemis, I, L'ascendant de Platon, Seuil, Paris. 1979, esp. págs. 9 e segs.

[54] La République, II, éd. Les Belles Lettres, 1959, trad. Chambry (E.), n.os 392 e segs.

[55] Sobre abuso de direito e direitos da personalidade, vd, entre outros, Andreae (N.) e Carreau (D.), Droits de l'homme et repression des

16. Estado fiscal, sociedade aberta e elisão fiscal

O Estado fiscal contemporâneo e, por maioria de razão, o Estado-taxador (Estado que se financia por taxas), assentam em sociedades abertas, em que a liberdade contratual e a propriedade privada, mais do que meros fundamentos e veículos da actividade económica, decorrem da própria natureza da pessoa humana como ente auto-criador que se vai construindo – e ao meio envolvente – através de um projecto de vida criado (e recriado constantemente) por si mesma[56]. Há que excluir qualquer obrigação do cidadão-contribuinte de se "colocar no lugar que o legislador lhe assinalou"; de se comportar como o legislador previu (e desejou), celebrando os actos jurídicos que aquele espera. Não há qualquer direito ou expectativa jurídica do Estado à produção de certa riqueza pelo almejado contribuinte; ou à celebração por este de negócios que originem uma certa realidade tributável.

O Direito Tributário, antes de nascer, reconhece a autonomia dos cidadãos. Limitando-se a aguardar os resultados dessa autonomia para os tributar (ou não).

Mais: o cidadão comportar-se-á de boa fé, não havendo lugar a abuso de direito (ou de liberdade) se, ao gerir os seus interesses, tiver em conta os custos fiscais e os inserir como

---

abus de droit, Dr. Fisc., 1997,11, págs. 396 e segs.; Baconnier (R.), in Azzouz (Z.), L'abus du droit dans les pays de la CEE, Petites Affiches, 1991. Em geral, vd Campos (Diogo Leite de Campos), O estatuto jurídico da pessoa (direitos da personalidade) e os impostos, Rev. Ordem Advogados, Lisboa, 65, I, 2005, p. 31 e segs.

[56] Vd. Campos (Diogo Leite de), Nós, Estudos de Direito das pessoas, Coimbra, Almedina, 2005.

mais um factor nos seus planos de vida ou na gestão da sua empresa.

O Estado fiscal, repete-se, assenta numa sociedade aberta. O apelo à boa fé, ao abuso de direito, à não elisão vem depois, no momento do funcionamento desta e só perante casos concretos. O ser humano e a autonomia privada não são acessórios dos mecanismos económicos, ou objecto de planificação fiscal, como pretenderam muitos desde o século XVIII[57]. Estamos com Roubier ao afirmar que "a liberdade jurídica, também denominada liberdade civil, é o direito de fazer tudo o que não é proibido pela lei"[58] – acrescentando, para precisar, o ordenamento jurídico no seu conjunto e os seus valores fundamentantes, com referência ao caso concreto[59]. "...solo puede haber legitimidad en la tarea de definir los objectivos del poder(...) si el antiguo súbdito, hoy metamorfoseado en "ciudadano", entiende que entre él y el Estado(representación institucional de "nosotros") hay, más que pugna y beligerância, un común objectivo de construcción de una arquitectura social justa y solidária"[60].

---

[57] Sobre a escola do Direito económico de Pasukanis,bem reveladora do pensamento que criticamos, ver Eliachevitch (B.), Le Droit contractuel dans le système du droit soviétique, RTDC, 1938, esp. págs. 421 e segs.

[58] Roubier (P.), Les prérrogatives juridiques, Arch. Ph. Droit, t. 5, Sirey, Paris, 1960, p. 81.

[59] Sobre a noção de abuso de direito em matéria fiscal, fraude fiscal e elisão, vd. Cozian (Maurice), Qu'est-ce que l'abus de droit?", Petites affiches, 1991, n.° 6 e Fraude fiscale, évasion fiscale, optimisation fiscale, Dr. et patrim., 1995, n.° 24, p. 3 e segs.

[60] Gonzalez Mendez (Amelia), Buena fe y derecho tributário, Marcial Pons, Madrid/Barcelona, 2001, pág. 193.

17. As escolhas jurídicas e as escolhas fiscais

Aquele que pretende atingir um certo resultado jurídico (constituição de uma empresa, exercício de uma actividade económica, transmissão de um bem, etc.) tem em geral à disposição diversas vias juridicamente relevantes, diversas técnicas jurídicas que permitem atingir esse resultado. Há que escolher entre elas, realizando uma opção jurídica[61].

Conforme a técnica jurídica utilizada, o tratamento fiscal também será diverso. Assim, podemos afirmar que uma escolha jurídico-privada, implicando diferentes consequências fiscais, será também uma escolha fiscal. Escolha fiscal que pode ter sido voluntária ou involuntária.

Assim, o empresário pode ter escolhido a compra e venda em vez da locação financeira para fugir a um eventual imposto; ou pode tê-lo feito porque a sociedade de locação financeira não lhe dava crédito.

O Direito tributário tradicionalmente não se interessa pela escolha jurídica com relevância fiscal, proibindo ou limitando a escolha de uma via menos tributada. Escolha que prevenirá o preenchimento de um certo tipo legal de imposto.

E não se interessa pela opção em virtude do respeito pelo princípio da liberdade contratual que é uma vertente fundamental da liberdade do ser humano. No Estado-de-direito democrático a actividade das pessoas, singulares ou colectivas, orienta-se por formas jurídicas em princípio por elas livremente criadas e dispostas. O Direito dos particulares é criado por estes ao abrigo do seu poder de auto-regulamentação, tam-

---

[61] Diogo Leite de Campos e Mônica Horta Neves Leite de Campos, Direito Tributário, 2.ª edição, Coimbra, Almedina, 2000, pág. 153.

bém denominado liberdade negocial. O Direito é, antes de mais e sobretudo, criação dos particulares no seu relacionamento.

18. O Direito Fiscal como direito de sobreposição

O Direito fiscal vem tratar realidades jurídicas que lhe são prévias, resultados promovidos e obtidos através da liberdade negocial. Resultados que se encontram antes e acima dele – através do que o Direito fiscal se configura como um <u>Direito de sobreposição</u>.

19. A prevenção fiscal

À medida que o constrangimento fiscal foi aumentando, atingindo, em muitos casos, mais de 50% do produto da actividade económica do sujeito passivo, o contribuinte começou a dar-se conta do fenómeno fiscal com uma clareza que o levou a determinar a sua actividade em relação a esse constrangimento, nomeadamente no sentido de o evitar ou de o aligeirar – de o <u>prevenir</u>. A lei fiscal tributa um certo comportamento – o contribuinte evita-o. O imposto incide sobre um certo resultado – o contribuinte prossegue outro resultado que dê satisfação idêntica aos seus interesses, com menor tributação.

A prevenção fiscal é legítima. A prevenção ou gestão fiscal entendidas como inclusão do factor fiscal no motivo das escolhas, nada têm em si mesmo de censuráveis. O Direito fiscal determina as situações tributárias, mas não há qualquer obrigação de se colocar numa certa situação prevista na lei. A ideia geral que preside aos impostos é a de tributar a matéria colectável onde esta se apresente. É de excluir a obrigação de a criar[62].

Contudo, alguns tribunais e alguns legisladores, o mais das vezes por fenómenos de imitação, têm procurado processos de reduzir as escolhas fiscais ou de as determinar pelos fins pressupostos pelo legislador. Em termos que, por vezes, lembram as palavras de Voltaire "(Les finances)": "Tant pour le sel marin auquel nous présumons que vous deviez garnir vos savoureux jambons, vous ne l'avez point pris et vous deviez le prendre"[63].

20. A regra: a liberdade de escolha fiscal

Vamos assentar, como parece evidente e ninguém põe em causa (sob pena de inconstitucionalidade), que o contribuinte tem uma liberdade de escolha fiscal. Agostini[64] escreve que a opção fiscal é o direito concedido pela lei fiscal ao contribuinte, colocado numa relação jurídica determinada em relação ao imposto, de exercer livremente uma opção que o compromete e se impõe à Administração. O Direito deixa à pessoa-

---

[62] Esmein, nota em Sirey, 1933, I, 321.

[63] Nos Estados europeus dos séculos XVII e XVIII o imposto sobre o sal tinha muito relevo, dada a necessidade deste produto para conservar os alimentos. Daqui o desgosto dos fiscais deste imposto ao visitarem uma instalação de salga de porcos: o proprietário estava a poupar na quantidade de sal que aplicava a cada porco; com evidente perda de receitas para o fisco. Logo, é tributado não pelo sal que estava a utilizar, mas pelo que devia utilizar se não tivesse querido fugir ao imposto.

[64] Agostini (Eric), Les options fiscales, Paris, LGDJ, 1983, p. 8.

contribuinte um leque de opções, com a faculdade de escolher. Nomeadamente, de preencher ou não o tipo legal tributário. A pessoa-contribuinte escolhe de entre os instrumentos jurídicos postos à sua disposição, aquele que mais lhe convém. Trata-se de um percurso de liberdade e de um resultado "secundum legem": não há aqui qualquer oposição à lei, qualquer ilícito, mas sim uma mera aplicação dos quadros jurídicos que pareceram mais favorável ao contribuinte. A liberdade que o Direito privado, reconhecendo a pessoa, singular ou colectiva, lhe reconhece de escolher os seus objectivos e os meios de os atingir, é anterior ao legislador fiscal, pois este limita-se a definir e a tributar os instrumentos de atingir um resultado, sem se poder cingir ao resultado propriamente dito. Definição de resultado que, aliás, é difícil, em virtude das necessidades de segurança e de certeza imporem uma descrição suficientemente precisa dos comportamentos jurídicos e dos resultados jurídicos. Não bastando uma simplista referência ao resultado económico.

Aliás, a relativa imaturidade e imprecisão do Direito fiscal, mais instrumento de ganância dos políticos do que regra de justiça assente na técnica, é contemporânea da proliferação de textos muitas vezes contraditórios e mal elaborados, a suscitarem cada vez mais lacunas e mais imprecisões e a facilitarem a sua própria "elisão".

Mas, por vezes, as próprias lacunas nada mais reflectem do que espaços livres do Direito, não sujeitos à regulamentação em homenagem à liberdade de viver. Poderíamos afirmar nesta matéria, e na esteira de alguns dos mais prestigiados Autores[65], que todas as normas jurídicas particulares que pres-

---

65 Hans Kelsen, The general theory of law and state, Harward University Press, 1949; Jean Carbonier, Flexible Droit, Paris, 1983, p. 38.

crevem um comportamento positivo ou negativo estão acompanhadas por uma norma geral, não expressa mas irrecusável, que exclui da regulamentação prescrita qualquer outro comportamento.

Há, portanto, um vasto e indefinido espaço de liberdade onde o contribuinte se pode mover tranquilamente.

Contudo, é este espaço de liberdade que o legislador tenta contrariar, à falta de regulamentação típica técnica, por normas gerais. O princípio geral da liberdade choca em matéria de Direito fiscal com um (pretendido) princípio geral de submissão às necessidades financeiras do Estado, de carácter não jurídico, mas político – tutelado pela norma geral anti-elisão.

Contudo, aquele que gere o seu património em termos de se colocar nas situações tributadas mais pesadamente, poderá incorrer na acusação de ilegalidade ou má gestão[66]. Só merecendo um juízo de censura daqueles que têm interesses legítimos ou direitos em relação a esse património. Os consultores jurídicos e financeiros do "pai de família" ou do empresário, serão passíveis de censura se não aconselharem o seu cliente a levar a cabo comportamentos que sejam susceptíveis do menor imposto[67]. O conteúdo funcional do conselho de administração das sociedades consiste na tomada de decisões, ou seja, na escolha das vias a seguir para atingir objectivos determinados e segundo um dado procedimento, assumindo as responsabilidades inerentes. A gestão moderna que se quer competitiva, deve reorientar-se constantemente para se adaptar ao ambiente económico, social e jurídico. Considerando que os meios são escassos, utilizá-los da melhor maneira; o lucro tanto resulta dos ganhos como da diminuição dos custos. Antes de tomar as

---

[66] M. Cozian, La gestion fiscale de l'enterprise, RJF, 5.1998, p. 2002 e segs.

[67] J. Huntermaier, ob. cit. p. 133.

Autonomia Contratual e Direito Tributário 59

decisões, deverá informar-se dos quadros jurídicos da sua actividade, tanto de Direito privado como de Direito público, e tomar as decisões, levando-os em conta. Os actos de gestão devem, para serem rentáveis e eficazes, visar obter todas as vantagens fiscais possíveis[68].

Poderia reproduzir aqui um acórdão de 7 de Julho de 1958 do Conselho de Estado francês: o contribuinte nunca é obrigado a tirar dos seus negócios o máximo de proveitos que as circunstâncias lhe teriam permitido[69] – em benefício do fisco.

21. Não interferência na gestão fiscal das empresas

Entramos agora num campo consequente do anterior que é o princípio da não interferência da Administração na gestão das empresas.

Emitir um juízo "a posteriori" sobre a gestão financeira, comercial, etc., da empresa, envolveria o risco deste juízo se apoiar sobre elementos que não existiam, ou não existiam claramente, no momento da tomada de decisão e que não podiam ter sido levados em conta pelo administrador. Seguidamente, todos os negócios que não tivessem levado ao resultado desejado pela administração seriam considerados anormais e os seus efeitos corrigidos.

A pessoa singular ou colectiva deve tomar as suas decisões com toda a liberdade, correndo os respectivos riscos e

---

[68] M. Cozian, Cours de Droit fiscal des affaires, p. 310.

[69] Conselho de Estado, 8s., 7 de Julho de 1958, Rec. N.º 35977 DF de 1958, n.º 44, COM. n.º 938.

tendo direito aos erros de gestão que não se podem considerar "ilícitos" fiscais.

Finalmente, um controlo da Administração Fiscal da gestão da empresa iria contra princípios constitucionais que não podem ser postos em causa pelo "inexistente" princípio do combate à evasão fiscal. Os princípios da livre iniciativa, do respeito pela propriedade privada (arts. 61.º e 62.º da CR) e, de uma maneira geral, da liberdade do cidadão no Estado de Direito democrático (art. 1.º da CR) são constitucionalmente incontestáveis.

A Administração Fiscal deve limitar-se a verificar se, nos termos da lei, os actos praticados tiveram relação com a actividade social ou se foram praticados com fins diversos desta com a consequente ilegalidade.

VI

A NORMA ANTI-ELISÃO COMO DETERMINAÇÃO DE ILEGITIMIDADE

22. Autonomia privada e legitimidade. A norma anti-elisão como determinação de ilegitimidade

A liberdade ou autonomia de que temos vindo a tratar é limitada e delimitada. Limitada internamente por valores ético--jurídicos; delimitada externamente pela esfera jurídica dos outros, nomeadamente do Estado. A pessoa só é livre para gerir "como entender" a sua pessoa e os seus bens; não para se intrometer na pessoa e nos bens dos outros. A não ser por negócio celebrado com estes, ou nos raros casos em que é permitida a unilateralidade da intromissão.

Assim, a liberdade negocial envolve um problema (limite) de legitimidade. Em termos de a pessoa poder gerir os seus assuntos, mas não os dos outros. Se o fizer, os actos praticados são, em princípio, ilícitos, muitas vezes sob a forma de ineficácia.

É aqui, parece-me, que tem de se situar a norma anti--elisão. Ao praticarem os actos ou celebrarem os negócios previstos no n.º 2 do art. 38.º da LGT, com o fim (exclusivo ou principal) de diminuírem a carga fiscal, os cidadãos estão, não a gerir os seus assuntos próprios, mas a gerir os assuntos do Estado, os impostos, ingerindo-se na esfera jurídica do Estado. Desta ilegitimidade decorre a ineficácia dos actos praticados a nível da sua relevância fiscal.

23. A liberdade contratual e os direitos e liberdades constitucionais

A liberdade negocial decorre da liberdade em geral, característica do ser humano, e é um direito (auxiliar) que possibilita o exercício dos outros direitos que integram o livre exercício da personalidade[70].

A liberdade negocial também exerce a função de conformar concretamente os direitos previstos no ordenamento jurídico. Dependendo a extensão dessa liberdade, nomeadamente, das características do sujeito e das circunstâncias concretas do caso. Se o sujeito for uma pessoa colectiva, a liberdade negocial será mais ou menos vasta, de acordo com a conformação da pessoa. Tratando-se de uma pessoa singular, a liberdade tenderá a ser irrestrita (nos quadros do Direito, com apelo, nomeadamente, à boa fé).

A liberdade negocial é concebível independentemente do Estado e do Direito, mas construída no interior deste, normativamente.

---

[70] Sobre o que se segue, vd. Hoefling (Wolfram), Vertragsfreiheit, Eine grundrechtsdogmatische Studie, CF Müller, Heidelberg.

A troca de promessas teria, em si mesma, força vinculativa, embora sujeita à auto-tutela dos interessados. É a lei que atribui à troca de promessas uma especial força vinculativa, garantida pela força pública.

À personalidade humana, a determinar uma capacidade correspondente, vem acrescentar-se a capacidade de exercício, dependente do "estado" do sujeito e do caso.

A liberdade negocial assegura a efectividade de diversos direitos fundamentais (como o direito à propriedade, ao casamento, à adopção, etc.), permitindo que os sujeitos moldem e alterem as suas situações jurídicas, através de negócios jurídicos. Assim, a liberdade negocial tem uma função garantística em relação a um certo número de institutos, em termos de normas de competência atribuídas aos seus sujeitos[71]. Ao consagrar direitos, o Direito consagra a competência correspondente, de cuja conformação pode resultar a consistência do direito.

Termos em que a autonomia privada se apresenta como uma soma de competências "(Kompetenzsummierung)". Em si mesma, a liberdade contratual contém uma pretensão à concessão de uma competência jurídica para a autoconformação das relações jurídicas intersubjectivas[72].

24. Competência enquanto limite externo

Na matéria que nos interessa, a autonomia privada/ /liberdade contratual, enquanto competência ou legitimidade,

---

[71] Aut. ob. cits., par. 2, a.
[72] Aut. ob. cits., par. 3.

deve ser entendida enquanto limite externo ao exercício da personalidade.

A autonomia privada pode ser exercida livremente como instrumento do livre desenvolvimento da personalidade. Mas só no âmbito desta personalidade e dos bens de toda a ordem que a integram ou lhe estão afectos (desde a pessoa física, até aos bens materiais do sustento desta pessoa)[73]. Nesta medida, a pessoa é competente (tem legitimidade "natural") para se gerir (autogerir). Gerir-se a si, pessoa e bens, mas não aos outros (pessoas e bens). Usando uma expressão já bastante gasta, diríamos que os limites à liberdade de cada um são os outros[74].

Portanto, quando se invade a esfera jurídica, os direitos e interesses juridicamente tutelados do outro, está-se perante um fenómeno de "incompetência". Por outras palavras: os actos em si mesmos podem não ser "ilícitos", mas não podem produzir efeitos na esfera jurídica de outrem.

A esta forma de invalidade chama-se <u>ineficácia</u>. Os actos praticados com <u>incompetência</u> não produzem os efeitos jurídicos a que se dirigiam. Na medida em que o seu autor não estava a gerir a sua esfera jurídica, mas a de outrem.

Tal como o "outro" não se pode imiscuir na esfera jurídica do "eu", praticando actos fora da sua competência – portanto, inválidos.

Vejamos o que isto significa no âmbito fiscal.

---

[73] Não estamos aqui a cuidar de verdadeiros limites "internos" desta liberdade na relação da pessoa consigo própria. Vd. Diogo Leite de Campos, A relação da pessoa consigo mesma, em "Nós – Estudos sobre o Direito das pessoas", Coimbra, Almedina.

[74] Nestes limites está, naturalmente, o próprio, enquanto "outro" perante o eu desiderante. Vd. nota anterior.

25. O ultrapassar do problema da inconstitucionalidade

A cláusula geral anti-elisão põe em causa, já o referimos na introdução, valores fundamentais do Direito tributário: certeza e segurança. Este Direito assenta na determinação dos elementos essenciais dos impostos pela lei formal (reserva absoluta da lei formal), convivendo mal com cláusulas gerais e conceitos indeterminados. Por estes permitirem uma acrescida intermediação do interprete (Administração Tributária, tribunais, contribuinte) na aplicação das normas. Daí que tenha havido em Direito português um esforço significativo do legislador fiscal, nos fins dos anos 80, para afastar, o mais possível, os conceitos indeterminados.

Como poderá a cláusula geral anti-elisão ser compatibilizada com os imperativos da tipicidade, da segurança jurídica e do direito à planificação fiscal, como pretende César Garcia Novoa[75]?

Julgamos que há diversas concepções da cláusula geral anti-elisão, como as anglo-saxónicas da prevalência da substância sobre a forma[76], e a do "business purpose" (na medida em que não se possa reconduzir ao negócio indirecto) – que são só adequadas a sistemas jurídicos muito afastados dos continentais, incompatíveis com a certeza e segurança do Direito Fiscal[77]. E

---

[75] Ob. cit., p. 73/4.

[76] Vd. Heleno Torres, ob. cit., p. 68/9, que escreve que os critérios de apuração e suas propriedades não podem ser redireccionados a título de interpretação económica ou aplicaçãqo de norma geral anti-elisiva, sob pena de se praticar analogia.

[77] Recusando o princípio da realidade económica como cânone hermenêutico por razão de certeza e segurnça, vd. João Nuno Calvão da

também contrariam o princípio do consentimento/auto-tributação, pois será difícil consentir em impostos cuja factualidade típica não é pré-determinada ("pré-contratada") sendo, antes, moldável pelo intérprete.

Mas outras há, como as que associam a cláusula geral anti-elisiva ao negócio indirecto ou, proximamamente, a conexionam com a distorção da causa do negócio jurídico, que nos parece não colocarem em risco o núcleo fundamental dos valores indicados.

Como nos parece que o ponto de visto que propomos também não ofende a certeza e segurança do Direito – pelo menos em termos que não possam ser justificados pela maior justiça que acarreta.

Caberá a uma jurisprudência culta e cauta aplicar a norma anti-elisão só a casos excepcionais devidamente provados.

O Tribunal constitucional português tem decidido a favor da constitucionalidade da norma em causa[78]. Bem como o Supremo tribunal administrativo[79].

Independentemente das argumentações apresentadas nos diversos casos, parece-nos que os tribunais fazem bem. A cláusula geral anti-elisão, entendida como a descrevemos, não põe em causa o núcleo fundamental dos princípios da certeza e segurança expressos na tipicidade fechada. Feliz ou infe-

---

Silva, Elisão fiscal e cláusula geral anti-abuso, R.O Advs. Ano 66, II, Lisboa, 2006 p. 806-7.

[78] De entre os mais recentes, vd. Acs. n.º 196/03, de 10/04/2003, proc. 355/02, rel. Benjamim Rodrigues; n.º 154/04, de 16/03/2004, proc. 254/00, rel. Mota Pinto; n.º 422/04, de 16/06/2004, proc. 462/03, rel. Artur Maurício; n.º 271/05, de 24/05/2005, proc. 91/04, rel. Gil Galvão; n.º 252/05, 10/05/2005, proc. 560/01, rel. Benjamim Rodrigues.

[79] Vd, de entre os mais recentes, Acs. de 26/02/2003, proc. 089/83, rel. Vítor Meira; de 12/03/2003, proc. 01721/02, rel. Almeida Lopes.

lizmente, qualquer norma legal é sempre um quadro em aberto a ser interpretado/aplicado ao caso a decidir. Como dispõe, aliás, o art. 11.º da LGT que manda aplicar ao Direito Fiscal as regras de hermenêutica jurídica vigentes. Pesem as especiais precauções a tomar em Direito Fiscal, na vertente (possível?) de uma interpretação mais caracterizadamente ontológica[80].

Passamos, uma vez assente, em princípio, a sua constitucionalidade, a interpretar o art. 38.º, 2, da LGT de acordo com a Constituição.

---

[80] Vd. Diogo Leite de Campos e Mônica Horta Neves Leite de Campos, Direito Tributário, Coimbra, Almedina, cit., págs. 87 e segs.

VII

INTERPRETAÇÃO DO ART. 38.° N.° 2 DA LGT

26. O texto como ponto de partida

O art. 38.°, n.° 2, da Lei Geral Tributária, como referimos no início, dispõe que: "são ineficazes do âmbito tributário os actos ou negócios jurídicos essencial ou principalmente dirigidos, por meios artificiosos ou fraudulentos e com abuso das formas jurídicas, à redução, eliminação ou diferimento temporal de impostos, que seriam devidos em resultado de factos, actos ou negócios jurídicos de idêntico fim económico, ou obtenção de vantagens fiscais que não seriam alcançáveis, total ou parcialmente sem utilização desses meios efectuando-se então a tributação de acordo com as normas aplicáveis na sua ausência e não se produzindo as vantagens fiscais referidas".

Há que interpretar esta norma.

27. Interpretação da cláusula geral anti-abuso, respeitando a Constituição da República e a lei

A cláusula geral anti-elisão tem de ser levada a sério num duplo sentido: a) estando inserida no ordenamento jurídico português, tem de ser aceite e aplicada, a não ser que se considere inconstitucional; b) tem de ser entendida e aplicada no sentido da Constituição, como vimos, não podendo ser transformada num instrumento colocado à disposição da administração para, livremente, "corrigir" todos os negócios jurídicos com os quais não concorda.

28. Os pressupostos típicos da aplicação do n.º 2 do art. 38.º

O n.º 2 do art. 38.º estabelece um quadro típico legal com os seguintes pressupostos: a) actos ou negócios jurídicos; b) essencial ou principalmente dirigidos à redução, eliminação ou diferimento temporal de impostos que seriam devidos em resultado de factos, actos ou negócios jurídicos de idêntico fim económico, ou obtenção de vantagens fiscais que não seriam alcançadas, total ou parcialmente, sem utilização desses meios; c) por meios artificiosos ou fraudulentos; d) e com abuso de forma jurídicas.

Dispondo a seguinte estatuição: tais actos ou negócios jurídicos são ineficazes no âmbito tributário; efectuando-se a tributação de acordo com as normas aplicáveis na sua ausência e não se produzindo as vantagens fiscais visadas.

29. O ónus da prova

Os pressupostos da aplicação da cláusula geral anti-abuso têm se ser alegados e provados pela Administração Fiscal. Ou seja, tem de ser esta a provar que foram celebrados actos ou negócios jurídicos; que estes foram essencial ou principalmente dirigidos ao fim fiscal referido; descrever os resultados fiscais; alegar e provar os meios artificiosos ou fraudulentos; alegar e provar o abuso de formas jurídicas.

Com efeito, e nos termos do art. 74.º da Lei Geral Tributária, deve ser a Administração fiscal a provar os factos constitutivos do seu direito. Se não os provar, não poderá aplicar a cláusula geral anti-abuso.

30. Generalidades

Os actos ou negócios jurídicos abrangidos pelos pressupostos do n.º 2 do art. 38.º são sancionados unicamente por uma <u>limitação externa ao princípio da liberdade contratual</u>. Estes negócios são válidos no campo do Direito privado, produzindo aqui todos os seus efeitos. O Direito fiscal, fixando os pressupostos fixados no n.º 2 do art. 38.º, comina em relação a eles a ineficácia. Ou seja: não produzem os efeitos jurídico-fiscais a que se destinavam. A lei, neste caso, apenas reconhece a autonomia privada dentro de determinadas fronteiras. Não a reconhecendo no campo do Direito fiscal, uma vez verificados os pressupostos do n.º 2 do art. 38.º.

Há que distinguir, rigorosamente, a invalidade da ineficácia "em sentido estrito"[81].

Na invalidade, a não produção de efeitos resulta da presença no negócio jurídico de vícios ou desconformidades com a ordem jurídica. Na ineficácia em sentido estrito, o negócio não tem vícios, apenas se verificando pressupostos extrínsecos fixados na lei que conduzem à referida não produção de efeitos.

31. **Prazo de caducidade de aplicação da cláusula geral anti-elisão**

Não se trata, já o referimos, de actos, contratos ou negócios jurídicos nulos ou anuláveis. São "simplesmente" ineficazes no plano fiscal: o contribuinte celebrou-os licitamente, no exercício da sua autonomia privada, ao abrigo de princípios constitucionais que a garantem; tendo celebrado actos ou negócios jurídicos que, sob o ponto de vista do Direito, são perfeitamente válidos. Válidos também numa "primeira" perspectiva do Direito fiscal que é nesta matéria, como em todas as outras, um simples direito de sobreposição, aceitando e reconhecendo a realidade jurídica pré-existente, nomeadamente a realidade de Direito privado.

Contudo, existe aqui uma limitação (fiscal) externa à liberdade contratual que se traduz em estes negócios, validamente celebrados, não produzirem efeitos no campo do Direito fiscal.

---

[81] António Menezes Cordeiro, Tratado de Direito Civil Português, I, Parte Geral, Tomo I, 1999, Livraria Almedina, Coimbra, p. 566.

Há princípios de certeza e segurança jurídicas que levam a que a Administração Fiscal não disponha de todo o tempo para invocar esta ineficácia. Tal como não dispõe de um período ilimitado para invocar a ilicitude fiscal dos negócios jurídicos.

A regra geral prevista na Lei Geral Tributária quanto à invocação pela Administração Tributária da ilicitude fiscal é de 4 anos a contar do facto tributário. Ou seja, e em geral, a contar da celebração do contrato, negócio jurídico ou acto jurídico com relevância fiscal. Passados estes quatro anos, o acto, negócio ou contrato não pode ser posto em causa pela Administração Fiscal.

O mesmo sucede a nível da cláusula geral anti-abuso. Só que, aqui, o legislador entendeu que, dada maior incerteza da norma, o prazo devia ser mais curto. E assim, estabeleceu o art. 63.º do CPPT o prazo de três anos.

O art. 63.º, n.º 3, do CPPT determina que o procedimento referente à aplicação das normas anti-abuso pode ser aberto no prazo de três anos após a realização do acto ou da celebração do negócio jurídico objecto da aplicação das disposições anti-abuso.

Poderíamos dizer que tão claro é o texto da lei que não há que o interpretar/aplicar.

O prazo deve contar-se, como é letra da lei, do acto ou contrato que é objecto da aplicação da norma anti-elisão e que, portanto, será ineficaz.

O que está em causa, na génese da aplicação da cláusula anti-elisão, os Autores estão de acordo, é a não realização de um certo facto tributário[82].

Ou seja, preveniu-se a incidência do imposto mais pesado, cujos pressupostos podiam ser levados a cabo através de certos

---

[82] Maria Luísa Carrasquer Clari, El problema del fraude à la lei en derecho tributário, Tirante monografias, Valência, 2002, p. 342.

actos ou negócios jurídicos, praticando outros actos ou negócios jurídicos isentos de imposto ou determinando uma carga fiscal mais baixa. Não se realizou o facto tributário mais onerosamente tributado.

Neste sentido depõe a doutrina alemã, com Hensel[83]. Este Autor entende que, enquanto na fraude fiscal existe um não cumprimento culposo da obrigação tributária validamente surgida da realização do facto tributário, na elisão impede-se o nascimento da obrigação tributária, evitando o pressuposto de facto legal.

Também para Blumenstein[84] a essência da elisão fiscal consiste em que, através de um procedimento intencional, se realiza o facto que não integra o pressuposto da tributação ou se atenua o montante do imposto devido. Na evasão existe o facto que é fundamento da tributação, enquanto na elisão fiscal há uma não realização do facto tributário. Por outras palavras: visa-se evitar a verificação do pressuposto de facto do tributo ao qual a lei liga o nascimento da obrigação tributária.

A concepção da elisão fiscal que assenta sobre a "não realização" do facto tributário parece também ser corrente nas doutrinas espanhola e italiana. Assim, J. Garcia Añoveros[85] considera que, desde um ponto de vista tributário, a elisão produz-se quando o presumido sujeito passivo evita o pressuposto de facto da norma tributária ou actua para que se produza um pressuposto de facto diferente que dê lugar a uma obrigação de menor montante.

---

[83] Diritto Tributario, trad. it. do alemão, de Dino Jarach, Guiffrè, Milano, 1956, p. 148.

[84] Sistema di Diritto delle Imposte, trad. it. do alemão de Francesco Forte, Guiffrè, Milano, 1954, p. 27.

[85] Explotación agrícola y contribución territorial, RDFHP, 70, p. 571 e segs.

Amorós Rica[86] também considera que a elisão consiste em evitar que se produza o facto tributário. Envolvendo substancialmente uma conduta negativa ou de abstenção, implicando que não se verifique o facto tributário.

Para Errero Madriaga[87] a elisão tributária é a conduta do sujeito passivo, licita ou ilícita, segundo os casos, que incide no momento da realização do pressuposto de facto de uma norma tributária, pela qual previne a realização desse determinado pressuposto de facto, realizando outro distinto e evitando-se assim o nascimento de uma concreta obrigação tributária ou dando lugar ao nascimento de outra distinta.

Na doutrina italiana, para E. Antonini[88] a elisão é o expediente a que recorre o contribuinte para impedir o nascimento do pressuposto de facto a cuja realização a lei liga o nascimento de uma certa obrigação tributária que se pretende evitar.

Neste sentido também estão G. A. Micheli[89], Lovisolo[90] e Tabelini[91] que consideram elisiva a actividade dirigida a impedir o aperfeiçoamento do pressuposto constitutivo da dívida tributária ou atenuar a sua importância; enquanto a evasão seria caracterizada como a actividade dirigida a fugir das consequências da obrigação tributária já nascida.

---

[86] La elusion y la evasión tributaria, RDJHP, 59, 1965, p. 595.

[87] El fraude a la Ley como elusión ilicita de los tributos, Rev. Esp. DF, 1976, p. 301 e segs.

[88] Evasione e elusione d'imposto, Studii di Diritto Tributario, Giuffrè, Milano, 1959. p. 3 e segs.

[89] Le presunzioni e la frode alla legge nel diritto tributario, em Op. Min. Dir. Trib., I, Guiffrè, Milano, 1982, p. 253 e segs.

[90] L'evasione e l'elusione tributaria, Diritto e Pratica Tributaria, 1984, I. p. 1286 e segs.

[91] La elusione fiscale, Giuffrè, Milano, p. 34.

Tabelini também entende o fenómeno numa perspectiva negativa: uma riqueza fiscalmente relevante produziu-se, de modo que a pretensão fiscal poderia realizar-se plenamente deste o momento em que o agente não operasse de modo a privar aquela riqueza de alguns dos requisitos que a legitimam como facto tributário.

Indo mais longe, diria que o art. 38.°, 2 da LGT contém uma espécie de ficção de que a hipótese normativa se produziu. Esta concepção em termos de uma "fictio iuris", vem cobrir a insuficiência, advertida do ponto de vista dogmático, de justificar a reacção de causalidade existente entre a conduta fraudulenta – como pressuposto – e a aplicação da norma elidida – como sanção ou consequência jurídica e que, em matéria tributária, afecta o próprio fundamento do nascimento da obrigação tributária.

Resumindo: na aplicação da norma anti-abuso há necessariamente a referência a um facto que não se verificou (e a outro que se verificou) que integra a previsão da norma.

Vigoraria aqui o prazo de caducidade geral (quatro anos) na falta de um prazo específico que a lei, por necessidades acrescidas de certeza e segurança, fixou em três anos.

O sujeito passivo não pode estar indefinidamente na incerteza sobre o juízo da Administração Fiscal acerca dos seus actos eventualmente ilícitos. Aqui, no âmbito da ineficácia, a necessidade da sua tutela ainda é superior à que se verifica quanto aos actos presumivelmente ilícitos.

Assim, o legislador fixou um prazo de caducidade de três anos a contar do acto ou negócio jurídico. A partir deste prazo, tal acto ou negócio não pode ver a sua eficácia posta em causa, mesmo que produza efeitos durante muitos anos.

O texto da lei é claro mandando contar o prazo a partir dos actos ou negócios. E claro é o entendimento que resulta da substituição de factos tributários, através de estruturas abusivas e adequadas a produzir os factos menos tributados.

Autonomia Contratual e Direito Tributário

Passemos a analisar mais de perto os pressupostos, recorrendo-nos da experiência dos Direitos estrangeiros.

32. O propósito fiscal

O n.° 2 do art. 38.° da LGT refere-se a actos ou negócios jurídicos essencial ou principalmente dirigidos ao fim fiscal que a seguir refere[92].

Esta intenção fiscal tem de ser provada pela Administração Fiscal. É sobre esta que recai o ónus da prova.

Em Direito espanhol, falava-se de propósito provado de iludir o imposto. Entendendo a Doutrina que era preciso provar o dolo, directo[93].

Com a eliminação, na redacção do art. 24.° da Lei Geral Tributária espanhola, na anterior versão da referência a "propósito provado", referindo-se unicamente "propósito de iludir o pagamento do tributo" continua a Doutrina espanhola a entender que o ónus da prova recai sobre a Administração Fiscal[94].

---

[92] Vasco Moura Ramos (Da clausula geral anti-abuso em Direito Fiscal e da sua introdução no ordenamento fiscal português, BFD Coimbra, LXXVII, 2001, p. 703) entende que o legislador deveria sancionar apenas os negócios com propósito unicamente fiscal. Parece-nos uma posição correcta "de iure constituendo". Sobre esta matéria vd. João Dácio Rolim, Normas anti-elisivas tributárias, São Paulo, 2001, esp. págs. 141 e segs.

[93] Vd. Arias Cañete, Fraude de ley e economia de opción, Estudos de derecho tributario, Vol. I, IEF, Ministerio de Hacienda, p. 512.

[94] Vd. Falcon y Tella em "El fraude a la Ley Tributaria como un mecanismo para gravar determinadas economias de opción: su radical

A Administração Fiscal terá de provar o intuito fraudulento em termos de dolo, ou apontar circunstâncias objectivas equivalentes a essa prova, cuja verificação permite concluir sem dúvida a intenção de um aforro fiscal, por não ser possível encontrar qualquer explicação alternativa em termos da racionalidade económico-financeira, não bastando, seguramente, a prova de um aforro fiscal, ou seja, de uma diminuição da carga fiscal. É preciso, repita-se, que se prove a intenção preponderante ou exclusivamente fiscal, ou em alternativa a falta da racionalidade económica da operação, cuja única explicação seja a de aforro fiscal.

33. Meios artificiosos e fraudulentos

Passemos agora aos meios artificiosos ou fraudulentos, outro pressuposto estabelecido pelo n.º 2 do art. 38.º.

Este requisito vem acrescentar à intenção, prevista no requisito anterior, a artificiosidade ou anormalidade utilizadas, embora, normalmente, esta anormalidade só resulte explicável pelo ânimo fraudulento. Já que, se esta intenção não existisse, não se poderia aplicar o expediente da fraude à lei por muita artificiosidade que pudesse existir nas formas empregues[95].

---

diferencia con los supuestos previstos em el articulo 6.4 del CC.", ob. cit. p. 6. E Clemente Checa González, El fraude de lei tributaria, em "La reforma de la ley general tributaria", Editorial lex nova, p. 70.

[95] Vide Clemente Checa Gonzalez, ob. cit. p.71.

Assim, quem obtém o resultado prático de uma compra e venda através da constituição e dissolução imediata de uma sociedade, não deve ser submetido ao imposto próprio da compra e venda, se das circunstâncias do caso se deduz que as operações societárias não se prosseguiram exclusivamente com a finalidade de iludir o tributo correspondente à compra e venda, mas sim, por exemplo, por que um facto qualquer (uma sentença judicial, a retirada de um direito ou de uma patente, etc.), impossibilitaram a exploração da sociedade. Ou seja, quando exista um motivo económico válido que justifique a operação[96].

O conceito de meios artificiosos ou fraudulentos deve ser entendido a dois níveis.

Primeiro, em si mesmos, como negócios ou actos em si inúteis ou desnecessários para a prossecução do projecto de vida ou da gestão nda empresa. Só tendo como objectivo a elisão fiscal.

Depois associados aos requisitos seguintes, do abuso de formas jurídicas, com o sentido que lhe daremos seguidamente.

Assim, não pode utilizar-se o expediente de fraude à lei tributária quando exista um motivo económico válido, uma justificação razoável, motivos de carácter económico e financeiro que justifiquem, ou também justifiquem, a operação. Isto por muito engenhosos que sejam, ou possam ser, os meios jurídicos empregues[97].

---

[96] Falcon y Tella, ob. cit. p. 7.
[97] Aut. ob. cit. p. 73.

34. Abuso de formas jurídicas

É a vez do abuso de formas jurídicas.

No Código tributário alemão de 1997, com as alterações introduzidas em 2000 e 2002, o §42 dispõe: A lei tributária não pode ser contornada por meio do abuso de formas jurídicas. Sempre que ocorrer abuso, a pretensão do imposto surgirá como se para os fenómenos económicos houvesse sido adoptada a forma jurídica adequada.

Esta norma deve ser entendida nos quadros de um sistema jurídico baseado no carácter abstracto dos negócios jurídicos, em que as pretensões económicas devem alcançar-se através das pertinentes formas jurídicas que teriam uma função similar à da causa típica num sistema causalista[98].

O abuso de formas jurídicas no sistema português obedece a interesses semelhantes aos que estão na base dos <u>negócios indirectos</u>.

Para que se confirme o abuso de formas jurídicas é exigido:

1. Que tenham sido escolhidas formas ou negócios insólitos, inadequados para os fins a que se destinam os factos ou negócios, visando iludir o sistema tributário;
2. Que as partes alcancem substancialmente, do ponto de vista económico, o mesmo resultado que teriam obtido caso houvessem adoptado a forma jurídica correspondente às normais relações económicas;

---

[98] Garcia Novoa (Cesar), ob. cit., p. 169/70.

Autonomia Contratual e Direito Tributário

3. Que as desvantagens jurídicas da forma adoptada não tenham qualquer importância, ou tenham apenas uma importância diminuta.

Ou seja, são exigidos os seguintes requisitos cumulativos: identificação da estrutura inadequada, no sentido de não usual, para atingir o negócio pretendido; ausência de razões negociais; intencionalidade do abuso; redução da carga tributária decorrente da estrutura criada.

Tanto na Doutrina como na Jurisprudência os Autores e os Tribunais dão mais força a um destes argumentos, sem nunca porem em causa os demais. Segundo Kruse, as situações jurídicas reveladoras de elisão serão todas aquelas organizadas com a utilização anómala de formas jurídicas, operadas pelas partes com carácter insólito, inusual ou atípico. A configuração adequada para os negócios jurídicos é, sempre que possível, simples, racional e económica, enquanto que a forma elisiva é distorcida, anti-económica, artificiosa e frequentemente ineficaz[99].

O tribunal federal financeiro alemão afirmou que a forma jurídica é inadequada quando o contribuinte não está apto a fornecer uma razão económica que justifique a sua utilização. Entendem os tribunais que, quando a lei autoriza aos cidadãos a escolha da forma mais conveniente para alcançar um resultado económico, mesmo com resultados fiscais distintos, a norma anti-elisiva não teria aplicação.

O comportamento deve ser intencional, ou seja, dirigido a uma tentativa de desvio da norma tributária para obter uma

---

[99] Kruse, H. W., Il risparmio d'imposta, la elusione fiscale et la evasione, en Amatuci, A., Tratatto di diritto tributario, Padova, Cedam, 1994, Vol. III, Parte III, Capítulo 35, p. 214.

economia tributária por meio de formas insólitas, para ser objecto de sanção.

Assim, abuso de formas jurídicas nada tem a ver, por ex., com "falta de conteúdo" de sociedades.

Numa época em que se aceitam sem discutir as sociedades unipessoais, as subordinadas, em que a administração é a mesma de outra sociedade, em que outra sociedade presta serviços de gestão, etc., o facto de uma sociedade ser unipessoal, etc., não representa qualquer abuso de formas jurídicas para efeitos do n.º 2 do art. 38.º da LGT.

35. **Resultado fiscal**

Quanto ao resultado fiscal – ou seja, redução, eliminação ou deferimento temporal de impostos que seriam devidos em resultado de factos, actos ou negócios jurídicos de idêntico fim económico, ou obtenção de vantagens fiscais que não seriam alcançadas total ou parcialmente, sem utilização desses meios – há que acentuar que, de acordo com toda a doutrina e jurisprudência que é possível referir e com mais elementar bom senso e "ratio legis", não basta que se verifique uma poupança fiscal, mas é preciso que se verifiquem previamente todos os outros requisitos estabelecidos no art. 38.º, 2. Em caso algum, uma vantagem ou um benefício fiscal indiciarão por si só qualquer ideia de abuso jurídico.

VIII

AS INFRACÇÕES FISCAIS

36. Relevância de algumas das situações descritas em Direito Penal e Direito de Mera Ordenação Social

Como se referiu já amplamente, no relacionamento jurídico entre pessoas vigora o princípio da autonomia da vontade ou liberdade negocial. A liberdade na definição do projecto de vida é a regra, embora, naturalmente, seja necessário considerar os limites e constrangimentos impostos pela Ordem Jurídica. Se, como se viu, o Estado-Fisco não pode interferir na esfera de liberdade dos cidadãos-contribuintes, também é certo que estes não poderão atentar contra os interesses legalmente consagrados e protegidos do Estado[100]. O Autor António Dória refere mesmo que, neste "imemorial e tenso conflito entre fisco e contribuinte", a evasão fiscal é irmã gémea do tributo[101],

---

[100] Sobre a tensão entre «paixão da ordem» *versus* «paixão da liberdade», *cfr.*, Manuel da Costa Andrade, *Consentimento e Acordo em Direito Penal (Contributo para a Fundamentação de um Paradigma Dualista)*, (reimpressão), Coimbra: Coimbra Editora, 2004, pág. 30.

[101] António Roberto Sampaio Dória, «A evasão fiscal legítima: conceito e problemas», *CTF*, n.º 143 (1970), pág. 42.

pelo que, para além das situações jurídicas já referidas, haverá que considerar com especial premência a matéria das infracções fiscais.

É certo que a Administração Tributária não pode pretender substituir-se ao contribuinte quando está em causa a apreciação da oportunidade, do mérito ou da necessidade das escolhas fiscais. De forma que, por muito ruinoso que seja o negócio celebrado, não pode a Administração Tributária impor as suas regras aos contribuintes com vista a expandir e frutificar o "seu próprio negócio". Está, pois, em causa o inalienável direito de escolha do contribuinte de preencher ou não preencher o tipo legal tributário. A pedra de toque do sistema fiscal e, em especial, da norma anti-elisão, reside, como referido, no comando dirigido aos cidadãos – n.º 2 do art. 38.º da LGT – segundo o qual não é permitida a gestão por estes efectuada de interesses alheios, de interesses do Estado-Fisco, logo, dos impostos.

Como também se defendeu já, são diferentes as situações e consequências entre, por um lado, preencher ou não um tipo fiscal e, por outro lado, preenchê-lo mas posteriormente o contribuinte furtar-se ilegitimamente ao cumprimento da consequência que decorre do nascimento da obrigação tributária[102]. Desta forma, o breve enfoque que aqui se pretende relevar respeita à importância assumida pelas infracções fiscais no contexto nacional. Infracções que se dividem, como paradigmaticamente resulta de uma análise sistemática do Regime Geral das Infracções Tributárias (RGIT), em contra-ordena-

---

[102] Para uma primeira aproximação à distinção entre "elisão fiscal" (legítima moral e juridicamente) e fraude fiscal, *cfr.*, António Dória, *A evasão fiscal...,* em especial págs. 56 e ss e págs. 63 e ss.

ções e crimes[103]. Naturalmente, esta distinção deverá compreender-se em homenagem à fértil dogmática que separa e autonomiza cada um dos ilícitos e suas sanções – penas e coimas[104]. Tratando-se de matéria pertinente ao direito sancionatório, e considerando que o direito penal cria a sua própria ilicitude, pensamos que é de acordo com as suas premissas e regras próprias que aquelas infracções devem ser compreendidas. Não esquecendo a basilar influência do princípio da subsidiariedade da intervenção penal, reafirma-se que o Direito Penal Fiscal constitui sempre e essencialmente direito penal[105].

---

[103] Sobre as dificuldades desde sempre sentidas em perceber a natureza das infracções fiscais, *cfr.*, Vitor Garcia, «Infracção fiscal – o caminho percorrido e as suas perspectivas», *CTF*, n.º 46, 1962, *passim*. Domingos Eusébio «Subsídio para uma teoria da infracção fiscal», *CTF*, n.º 55 (1963), *passim*: É perceptível, no estudo deste último Autor, a eminente mudança de paradigma, apelando já a uma certa ideia de eticização do direito penal fiscal: «se o cidadão deixa de observar o dever que lhe é imposto pelo Estado de colaborar com ele na referida missão de promover o progresso social, o facto ilícito daí surgente é também de natureza penal». *Cfr.* ainda, João Ricardo Catarino/Nuno Victorino, «Aspectos gerais e específicos do novo regime geral das infracções tributárias», *Fiscalidade*, n.º 9 (2002), páginas 38 e seguintes; e Isabel Marques da Silva, *Regime Geral das Infracções Tributárias*, Cadernos IDEFF, n.º 5, Coimbra, Almedina, 2006, págs. 6 e ss.

[104] Jorge de Figueiredo Dias, "Para uma dogmática do Direito Penal Secundário", RLJ, anos 116.º e 117.º, *passim*.

[105] Refere Isabel Marques da Silva que, a matéria das infracções fiscais, porque é tributária de dois ramos do Direito, «corre o risco de ser reivindicada quer por penalistas quer por fiscalistas – a melhor das hipóteses», Isabel Marques da Silva, *Regime Geral...*, pág. 6. A mesma Autora, em uma outra obra refere sempre a expressão "fiscal penal". *Cfr.*, Isabel Marques da Silva, *Responsabilidade Fiscal Penal Cumulativa. Das Sociedades e dos seus Administradores e representantes*, Universidade Católica Portuguesa, Lisboa, 2000, pág. 37. Por fim, também Nuno

Para exemplificar as fronteiras intercedentes entre aquelas infracções, não poderá contrapor-se o *Abuso de Confiança Fiscal* – art. 105.° do RGIT – e a *Falta de Entrega de Prestação Tributária* – art. 114.° do RGIT. Este será, pelo contrário[106], um bom exemplo da sobreposição entre infracções que o legislador deve evitar porque inconstitucional[107], frustrando-se o conteúdo daquele princípio da subsidiariedade, logo, a ideia de intervenção penal apenas como *ultima ratio* da política social[108]. Contudo, já poderemos tomar como exemplo a dis-

---

Pombo, embora não deixe de afirmar que o tema da fraude fiscal está ligado quer ao direito tributário quer ao direito criminal, enquadra-o no âmbito «das infracções fiscais como pólo centrar das reflexões, sempre partilhadas, da disciplina do Direito Fiscal», Nuno Pombo, *A Fraude Fiscal. A Norma Incriminadora, a simulação e outras Reflexões*, Coimbra, Livraria Almedina, 2007, pág. 19.

[106] Parecer jurídico subscrito pelos Autores junto aos autos do processo n.° 346/05 do Tribunal Constitucional (referido no Acórdão 336/2005).

[107] A propósito da antiga positivação do crime de Abuso de Confiança Fiscal, escrevia Silva Dias que, para o desvalor de acção é necessária a não entrega da prestação de imposto, mas ainda, a acção de apropriação desse montante, exigência que tem como fundamento «precisamente em que só a acção de apropriação consuma e concretiza plenamente a violação do dever de pagar imposto e forma o substrato para a reprovação ética da atitude do agente no plano da culpa. Só a não entrega da prestação, só a violação do dever de colaboração não exaure, e bem a nosso ver, o desvalor da acção do crime de abuso de confiança fiscal», Augusto Silva Dias, «Crimes e contra-ordenações fiscais», *in*: *DPEE*, Coimbra: Coimbra Editora, Vol. II, 1999, págs. 447 e 448.

[108] Desenvolvidamente, Manuel da Costa Andrade, «T.C., Acórdão n.° 54/04 – Processo n.° 640/03. (O abuso de confiança fiscal e a insustentável leveza de um acórdão do Tribunal Constitucional)», *RLJ*, Ano 134.°, págs. 300 e ss.

tância que separa o crime de *Fraude Fiscal* – art. 103.º do RGIT – e aquela mesma contra-ordenação. Crime cuja prática e punição pressupõem a violação clara e absoluta das relações de transparência e confiança que pautam as relações entre o Estado-Fisco e os contribuintes. Violação que apenas assume relevância se, no plano do tipo subjectivo do ilícito-típico, se puder afirmar a conduta dolosa – conhecimento e vontade de realização do ilícito-típico – do agente. E, claro está, se o agente actuou de forma sobreponível à prevista pelo legislador no que ao tipo objectivo respeita, abundando nesta sede os comportamentos especialmente gravosos de claro afrontamento face àquela relação de confiança – não declaração, ocultação, viciação, simulação, facturação falsa.

O Direito Penal, que constitui ele próprio espaço de liberdade, não aceitará, pois, as escolhas do contribuinte cujo planeamento fiscal integre qualquer uma destas formas de actuação sancionadas nos vários tipos legais de crime.

O mesmo já não sucederá no plano da contra-ordenação referida que, podendo ser sancionada porque praticada a título doloso ou negligente, não acolhe o grau de ilicitude e a intensidade de ataque ao bem-jurídico protegido que inerem àqueles crimes[109]. Condutas que, afastada a proibição legal, emergem como ético-socialmente neutras: o contribuinte que, em sede de IRC, releva como custo uma determinada despesa posteriormente desconsiderada pela Administração Tributária e originadora de liquidação adicional face ao imposto primeiramente auto-liquidado e pago.

---

[109] *Cfr.*, desenvolvidamente, Nuno Botelho Lumbrales, *Sobre o Conceito Material de Contra-Ordenação*,Lisboa, Universidade Católica Editora, 2006.

37. Da eticização do sistema fiscal à eticização do Direito Penal Fiscal

Apesar dos recentes desenvolvimentos sentidos no Direito Penal Fiscal português, casos do Regime Excepcional de Regularização Tributária (RERT) e do recurso ao instituto da suspensão de processos – e posterior arquivamento – relacionados com a publicamente designada "operação furacão", pensamos ainda assim poder defender-se vigorar a ideia de *eticização do direito penal fiscal*. Segundo a qual, a legitimação do sistema fiscal entronca na ideia de que não se pretende impor cegamente o objectivo de arrecadar receitas, mas também uma justa e equilibrada distribuição dessas mesma receitas em função das necessidades de financiamento das actividades sociais que o Estado chamou a si[110].

Este quadro, como há muito vem advertindo a doutrina, possibilitou configurar a ideia de fuga ao Fisco ilegítima e criminalmente relevante não como um mero *Kavaliersdelikte*[111], aceite e até admirado, mas como acção que a todos lesa. Como adverte António Dória, são conhecidas as consequências anti-sociais da evasão: «*a) obriga à exacerbação do ónus tributário sobre os contribuintes diligentes ou sobre os que estão materialmente impossibilitados de se valer dos expedientes evasivos; b) comprime as receitas públicas, como alternativa,*

---

[110] *Cfr.*, Anabela Miranda Rodrigues, «Contributo para a fundamentação de um discurso punitivo em matéria penal fiscal», *in: DPEE*, Vol. II, Coimbra: Coimbra Editora, 1999, páginas 481 e seguintes.

[111] *Cfr.*, Jorge de Figueiredo Dias/Manuel da Costa Andrade, «O crime de fraude fiscal no novo direito penal tributário português (Considerações sobre a factualidade típica e o concurso de infracções)», *DPEE*, Vol. II, Coimbra: Coimbra Editora, 1999, pág. 414.

privando o Estado dos meios necessários à execução dos serviços que se atribui; c) corrói o princípio da igualdade tributária; d) frustra a distribuição dos encargos fiscais segundo a capacidade contributiva dos indivíduos»[112].

Uma vez mais, encontramos nesta sede fundamentos que legitimam o cerceamento da liberdade dos cidadãos no que às escolhas fiscais respeita. O que está legitimado desde que o sistema fiscal possa ele próprio adjectivar-se como justo e igualitário.

Nestes termos, e de acordo com o referido por Anabela Rodrigues, a expansão que o direito penal conheceu em domínios fiscais, suportada no referido fundamento ético do imposto, não deixa de estar prevista na Lei Fundamental – artigos 103.º e 104.º – significando, também isto que, uma qualquer decisão de criminalização só receberá o cunho de legítima se respeitar as exigências e dimensão de *ultima ratio* de intervenção do direito penal.

Existe, pois, uma indiscutível dignidade penal na perseguição e punição dos comportamentos de fuga ilegítima ao Fisco[113]. Relevada na assunção, por um lado, da *Daseinsvorge* pelo Estado, que passa pelo imperativo de garantir a todos os cidadãos uma existência condigna, pelo que o imposto serve tal necessidade de assegurar as prestações sociais, afirmando mesmo Roxin que a garantia destas prestações é tarefa tão legítima do Direito Penal como a própria tutela de bens jurídicos; por outro lado, de um Estado-de-*direito* que faz penetrar na própria racionalidade fiscal as categorias e valores da legali-

---

112 António Dória, *A evasão fiscal...*, pág. 45.

113 Sobre o Direito Penal como instrumento para a protecção das «condições vitais da sociedade», Manuel da Costa Andrade, *Consentimento...*, págs. 62 e ss.

dade e igualdade, deixando a honestidade fiscal de equivaler a "estupidez"[114].

Considerando que é no tipo-de-ilícito e nos momentos que o integram que melhor se revela o cunho próprio da *sistemática teleológica* do sistema globalmente considerado[115], analisaremos algumas situações acolhidas pelo Direito Penal Fiscal como forma de se perceber em que moldes este ramo do Direito Penal (Económico) pode e deve ser visto como espaço de liberdade, também aqui em homenagem ao conteúdo e às principais refracções do princípio da legalidade criminal.

38. O Direito Penal Fiscal como direito de liberdade – continuação

A) *O crime de Fraude Fiscal. Simulação e Facturas Falsas*

Não se pretendendo nesta sede analisar de forma desenvolvida todas as vastas e complexas implicações que o crime de *Fraude Fiscal* arrasta, apontaremos apenas alguns dos aspectos considerados mais relevantes[116].

---

[114] Assim, Jorge de Figueiredo Dias/Manuel da Costa Andrade, «O crime de fraude fiscal...», pág. 415.

[115] Manuel da Costa Andrade, *Consentimento...*, pág. 219.

[116] Sobre a evolução histórico-legislativa do tratamento da infracção fiscal no direito português, *cfr.*, Susana Aires de Sousa, *Os Crimes Fiscais (Análise Dogmática e Reflexão sobre a Legitimidade do Discurso Legitimador)*, Coimbra, Coimbra Editora, 2006, págs. 51 e ss.

Com a consagração deste crime pretendeu o legislador, numa primeira análise, assegurar a tutela do património fiscal[117], à luz de um programa político-criminal que assume o objectivo claro de prevenir e reprimir a fuga ao fisco. Crime que, contrariamente ao que à primeira vista poderia parecer, não é praticado em exclusivo pelas classes de "colarinho branco"[118].

Apesar de a doutrina nacional evidenciar vários desencontros interpretativos, no âmbito do RGIT este crime analisa-se em um momento objectivo e um outro subjectivo. Desta forma, o cidadão encontra as margens da sua liberdade balizadas pelas seguintes condutas que se punem: ocultação ou alteração de dados ou valores fiscalmente relevantes, ou celebração de negócios simulados, a que acresce a intenção de obter um determinado resultado que, figurando como referência necessária da intenção do agente – ou prejuízo para o Estado-Fisco (não liquidação, não entrega, não pagamento do imposto) ou obtenção de uma vantagem indevida (benefício, reembolso ou outras vantagens susceptíveis de causarem diminuição das receitas tributárias) –, não tem, contudo, de verificar-se[119]. Daí

---

[117] Refere Susana Aires de Sousa que, «o legislador parece ter optado por uma concepção de carácter patrimonialista do bem jurídico tutelado, centrada na obtenção das receitas tributárias. Por outras palavras, há uma forte dimensão patrimonial inerente à factualidade típica dos crimes fiscais, induzindo a concluir que através daqueles ilícitos se quis proteger as receitas tributárias enquanto componente activa do património tributário do Estado», Susana Aires de Sousa, *Os Crimes Fiscais...*, pág. 71.

[118] Sobre o "mito" referido no texto, *cfr.*, Isabel Marques da Silva, *Regime Geral...*, págs. 160 e ss.

[119] Assim, Manuel da Costa Andrade, «A fraude fiscal – dez anos depois, ainda um "crime de resultado cortado"?», *RLJ*, Ano 135.º, página 335. *Cfr.* ainda, Nuno Pombo, *A Fraude Fiscal...*, pág. 55.

que, condutas que não impedem erro em formação ou não afastam erro já existente do funcionário das finanças não relevam para efeitos de fraude fiscal, porque não enquadráveis em qualquer uma daquelas modalidades. Assim, aquela configuração remete, pois, para a consideração deste crime como um crime de resultado cortado[120], na medida em que não existe cabal correspondência entre o momento objectivo e o momento subjectivo.

Nesta sede, são as violações dos valores de verdade e de transparência[121] as marcas da *dignidade penal* e da *necessidade da pena*, impostas pela Constituição. E, uma vez que as condutas que o n.°1 do art. 103.° do RGIT descreve são puníveis sem dependência de causarem ou de lhe ser imputado um tipificado resultado de perigo concreto, e não constituindo, naturalmente, crime de dano, a Fraude Fiscal deve caracterizar-se como um crime de perigo abstracto.

Já na *Fraude Qualificada*, prevista no art. 104.° do RGIT, estão em causa ataques mais gravosos ao bem-jurídico protegido (ainda que o limite dos € 15.000 previsto no n.° 2 do art. 103.° do RGIT seja aplicável também no caso da qualificação), tendo o legislador adoptado uma técnica de qualificação "aditiva"[122]. Refere Susana Aires de Sousa que, «O tipo objectivo da *Fraude Qualificada* contém necessariamente os elementos que compõem o tipo matricial de *Fraude* mas também contempla, como é óbvio, elementos que vão para além

---

[120] Ver também, Isabel Marques da Silva, *Regime Geral...*, pág. 152.

[121] Diferentemente, Augusto Silva Dias, «Os crimes de fraude fiscal e de abuso de confiança fiscal: alguns aspectos dogmáticos e político-criminais», CTF, n.° 394, Abril-Junho de 1999, *passim*.

[122] Susana Aires de Sousa, *Os Crimes Fiscais...*, pág. 113. E ainda, Isabel Marques da Silva, *Regime Geral...*, pág. 155.

daquele tipo legal e que, por isso, fundamentam não só a agravação da punição como conferem àquela norma uma natureza de especialidade»[123]. Estes elementos terão, ainda assim, para além de serem compreendidos pelo dolo do agente, de acumular-se (em mais de um) relativamente aos previstos em cada uma das alíneas pelo legislador.

Desta forma, é rica a factualidade típica aqui prevista: na alínea *a)* prevê-se o caso de o agente ser ajudado por terceiro vinculado a especiais deveres deontológicos ou profissionais em matéria fiscal (contabilista, técnico oficial de contas, revisor oficial de contas, advogado); nas alíneas *b)* e *c)*, quando a actuação do agente concorre e aproveita a de funcionário da administração tributária; nas alienas *d)* e *e)* «Estão em causa factos que, na ausência desta norma, configurariam crimes de falsificação, destruição ou ocultação de documentos com relevância fiscal. Não cabe nesta alínea a falsificação de facturas, uma vez que o legislador se refere expressamente a esta situação no n.º 3 deste mesmo artigo»[124]; na alínea *f)* prevê-se a qualificação da fraude simples quando, na sua prática, foi utilizada a interposição de agentes não residentes e submetidos a regime fiscal "claramente mais favorável"; e, por fim, na alínea *g)*, a qualificação resulta da dificuldade de detecção das condutas praticadas por agentes que se encontrem em situação de relações especiais.

Referência autónoma merece a matéria relacionada com facturas falsas, dada a sua complexidade e o facto de tratar-se de uma conduta, em termos fenomenológicos, amplamente praticada. Nestes termos, e escapando à referida regra "aditiva", pois, verificando-se uma situação em que são utilizadas

---

[123] Susana Aires de Sousa, *Os Crimes Fiscais...*, págs. 114 e 115.
[124] Susana Aires de Sousa, *Os Crimes Fiscais...*, pág. 116.

tais facturas, logo, independentemente das "circunstâncias aditivas", e preenchendo-se o tipo base do crime de Fraude Fiscal, haverá lugar à punição por *Fraude Qualificada*[125], o legislador qualificou o crime de *Fraude Fiscal* sempre que a "fraude tiver lugar mediante a utilização de facturas ou documentos equivalentes por operações inexistentes ou por valores diferentes ou ainda com a intervenção de pessoas ou entidades diversas das da operação subjacente". Este fenómeno é sintetizado por Figueiredo Dias e Costa Andrade da seguinte forma: «inscrição na contabilidade (sobretudo das empresas) de facturas que não têm atrás de si qualquer transacção real e não correspondem, por isso, a custos efectivamente suportados. Procedimentos que são adoptados já como forma de redução dos impostos a liquidar, *v.g.*, a título de IRC, já como expediente para a consecução de benefícios fiscais ou reembolsos (a título nomeadamente de IVA) indevidos»[126]. Notando também e ainda Isabel Marques da Silva que os casos mais usuais respeitam hoje à simulação de valor visando o pagamento de menos ou nenhum IMT e dedução ou reembolso indevido de IVA ou de matéria colectável em sede de IRC[127].

A esta conduta corresponde, nos termos referidos, uma ilicitude e um grau de culpa agravados, em função da especial violação dos deveres de confiança que intercedem nas relações entre os contribuintes e o Estado-Fisco. E, por isso mesmo, merecedora de sanção mais grave, obstando-se inclusive à pos-

---

[125] Sobre a fenomenologia do aparecimento do crime de facturas falsas, ver Isabel Marques da Silva, *Regime Geral*..., pág. 65 e ss.

[126] Jorge de Figueiredo Dias/Manuel da Costa Andrade, «O crime de fraude fiscal...», pág. 412.

[127] Isabel Marques da Silva, *Responsabilidade Fiscal Penal*..., págs. 114 e ss.

sibilidade de recurso a vários institutos do RGIT que prevêem a suspensão do processo ou seu arquivamento.

A fenomenologia analisada não se confunde, todavia, com aqueloutra já aludida que respeita ao instituto da simulação[128] e que recebe consagração expressa na alínea c) do n.° 1 do crime de *Fraude Fiscal* simples. E que, por isso, não constitui também falsificação de documentos como pacificamente defendido pela doutrina: nos casos em que a simulação é, excepcionalmente, punida no plano criminal, enquanto modalidade típica da fraude fiscal[129], não sobrará espaço para a punição a título de Falsificação de Documento[130]. Embora refiram Figueiredo Dias e Costa Andrade que, «Enquanto isto, tudo em princípio se conjuga no sentido de qualificar a prática das chamadas facturas falsas como um caso manifesto de simulação. Tudo, noutros termos, permite concluir que, na medida em que os seus agentes preencham a factualidade típica do crime de *Fraude fiscal*, o façam sob a forma descrita na lei (...) como "celebrar negócio jurídico simulado"»[131]. E ainda que, «Para haver simulação torna-se, portanto, necessário que as partes declarem uma coisa e queiram efectivamente outra. Ora, em geral, não é manifestamente outro o sentido e alcance das chamadas *facturas falsas*. Na verdade, e por acordo com os fornecedores ou com terceiros, os agentes económicos simu-

---

[128] Sobre o conceito de simulação, Augusto Silva Dias, «Crimes e contra-ordenações fiscais», pp. 452 e ss.

[129] A evolução do tratamento desta matéria poderá ser consultada em Isabel Marques da Silva, *Responsabilidade Fiscal Penal...*, págs. 112 e ss.

[130] Para maior desenvolvimento, Jorge de Figueiredo Dias/Manuel da Costa Andrade, «O crime de fraude fiscal...», págs. 430 e ss.

[131] Jorge de Figueiredo Dias/Manuel da Costa Andrade, «O crime de fraude fiscal...», pág. 431.

lam a celebração de contratos que não têm qualquer correspondência na realidade. E fazem-no com o propósito de enganar e prejudicar o Estado-Fisco»[132].

A matéria que se prende com as facturas falsas foi ainda campo fértil de discussão doutrinal e jurisprudencial no que respeita às relações de concurso de crimes. Assim, no âmbito das facturas falsas, na génese do problema, o Ministério Público começou por acusar pelos crimes de *Fraude Fiscal*, *Burla* e *Falsificação de Documentos* (contra quem actuou em nome da empresa) e também contra a própria empresa, pelo crime de *Fraude Fiscal*. A jurisprudência, nos seus primeiros acórdãos seguiu a tese de Nuno Sá Gomes, segundo o qual, o que o agente pretende nos crimes fiscais é evitar a diminuição do seu património atingido pela tributação e não obter um enriquecimento, distinguindo a burla – obter um enriquecimento – da fraude fiscal – evitar um empobrecimento. E, entendia-se ainda que só existia fraude fiscal se o negócio estivesse ferido de simulação relativa, pois se se tratasse de simulação absoluta, então não caberia no tipo de *Fraude Fiscal* mas apenas no de *Burla* do

---

[132] Jorge de Figueiredo Dias/Manuel da Costa Andrade, «O crime de fraude fiscal...», pág. 432. Sobre a distinção entre falsificação e simulação, *cfr.* ainda Augusto Silva Dias, «Crimes e contra-ordenações fiscais», págs. 453 e ss. Embora, naturalmente, como adverte Isabel Marques da Silva, «o negócio simulado não equivale à factura. Esta consiste simplesmente num documento escrito que incorpora uma declaração expressa onde se discriminam as coisas ou serviços e respectivos preços, objecto de contratos de compra e venda ou de prestação de serviços, respectivamente. Os negócios, simulados ou não, é que para poderem ser fiscalmente relevantes têm de ser titulados por factura ou documento equivalente e, por isso, que a factura ideologicamente falsa incorpore ou documente para efeitos fiscais um negócio absoluta ou relativamente simulado». Isabel Marques da Silva, *Responsabilidade Fiscal Penal...*, págs. 116 e 117.

Código Penal e, eventualmente, no de *Falsificação de Documentos*. Em 1995, o STJ perfilha a inicial posição defendida pelo Ministério Público, ou seja, a do concurso efectivo de todos aqueles crimes dados os vários bens jurídicos protegidos com cada uma das incriminações. Ora, no ano seguinte, produziu-se acórdão histórico, em 3 de Outubro, que, segundo Isabel Marques da Silva, é exemplo paradigmático do "desnorte" a que chegou a jurisprudência: entendeu-se que o Estado não poderia, como pessoa colectiva, ser susceptível do crime de burla – só as pessoas singulares podem ser enganados, na sua capacidade de querer –, e, em concreto, foram os arguidos absolvidos de um crime de *Fraude Fiscal* pois entendeu-se que, até 1993, só a simulação absoluta e não a relativa era possível[133].

Em 1997, surge uma nova corrente no STJ que defende que, na esteira de Eduardo Correia e Figueiredo Dias e Costa Andrade, se só o Estado fosse defraudado, então haveria apenas *Fraude Fiscal*, apenas concorrendo este crime com os crimes comuns se tivessem sido igualmente violados interesses de terceiros (sócios, administradores, credores). Nos anos seguintes consolidou-se lentamente na jurisprudência a ideia de que, mais do que concurso de crimes ou de normas, o que estaria em causa era um verdadeiro concurso de ramos do direito, a resolver-se de acordo com o princípio da especialidade do Direito Penal Fiscal face ao Direito Penal comum[134]. Contexto que se altera com a criação *ex novo* do crime de

---

[133] Isabel Marques da Silva, *Regime Geral...*, pág. 71.

[134] Note-se que o acórdão do STJ n.º 3/2003, de 7 de Maio, fixou jurisprudência no sentido de que, na vigência do RJIFNA, quando estão em causa apenas interesses fiscais do Estado, não se verifica concurso real entre o crime de fraude fiscal e os crimes de falsificação e burla do Código Penal, «mas somente concurso aparente de normas, com prevalência das que prevêem o crime de natureza fiscal».

Burla Tributária, previsto no art. 87.º do RGIT e que referiremos.

Não sem antes se considerar nesta sede uma última nota. A de que o resultado lesivo que é relevante para o Direito Penal Fiscal pode assumir várias formas: não pagamento de qualquer imposto devido; pagamento de imposto em montante inferior ao devido; obtenção de benefício fiscal indevido; obtenção de reembolso sem suporte legal. Qualquer destas situações configura um enriquecimento indevido como, reflexamente, um prejuízo para o Estado-Fisco, pelo que, para ambos os efeitos é igual não pagar pura e simplesmente um imposto de 10, pagar 10 quando se devia pagar 20, ou reembolso indevido de 10. Pelo que não é correcto um tratamento jurídico-penal diferenciado que se baseie na distinção entre um enriquecimento e uma não diminuição do património[135].

B) O crime de Burla Tributária

Dedicaremos ainda breve referência a este tipo legal de crime que resulta, como já referido, atenta aquela vasta experiência doutrinal, jurisprudencial e legislativa. Nas palavras de Costa Andrade, e pressupondo o panorama doutrinal e jurisprudencial entretanto estabilizado, «ao tempo em que fez a sua entrada na história, não correspondia a nenhuma premente necessidade normativa e prático-jurídica»[136]. Visou o legislador, no RGIT, tomar posição nas discussões até então ocor-

---

[135] Para maior desenvolvimento, Jorge de Figueiredo Dias/ /Manuel da Costa Andrade, «O crime de fraude fiscal...», págs. 430 e ss., em especial 438.

[136] Manuel da Costa Andrade, «A fraude fiscal...», pág. 350.

ridas polarizadas em torno dos tópicos enriquecimento e não--empobrecimento ilegítimos à custa do Fisco. E fê-lo com o intuito essencial de, segundo o Autor, «assegurar consagração positivada ao entendimento de sectores minoritários da doutrina e da *praxis* jurisprudencial, que advogavam um tratamento qualificado para as situações de *enriquecimento*, propugnado pela sua posição a título de Burla (da lei penal comum): uns, em concurso efectivo com a *Fraude fiscal*, outros, com afastamento da lei penal tributária»[137]. Desta forma, este crime surge indissociavelmente ligado aos impulsos da "sociedade punitiva" na qual o enriquecimento dos agentes à custa do Fisco, *maxime* através do expediente de facturas falsas, despertou fortes discussões e alarmes, aqui tendo intervenção activa o legislador que vem contrariar a doutrina maioritária e a crescente jurisprudência que progressivamente caminhava no sentido da consensualidade[138].

---

[137] Manuel da Costa Andrade, «A fraude fiscal...», págs. 348 e 349.

[138] Para o Autor não se percebe o porquê de a Burla Tributária admitir uma punição tão severa (n.º 3 do artigo 87.º do RGIT), quando comparada, por exemplo com o *Abuso de Confiança Fiscal*. A desproporção entre este crime e a *Fraude Fiscal* é ainda mais gravosa: a inflicção do mesmo prejuízo pode não ser punida a título de *Fraude Fiscal*, mas tal valor ser já considerado "valor elevado" para efeitos de burla tributária. Contudo, alerta o Autor, contrariamente ao que poderia parecer, há ainda diferenças entre a Burla do RGIT e a prevista no Código Pena: esta pressupõe efectiva produção de *resultado-de-prejuízo patrimonial* e *intenção de obter um resultado-de-enriquecimento*, ou seja, pressupõe que o prejuízo se produza e que o enriquecimento seja referente da intenção do agente, não tendo de se produzir pelo que não pertence ao tipo objectivo, transcendendo-o. Diferentemente, na *Burla Tributária* apenas se pressupõe um resultado, o que pertence ao tipo objectivo, logo, que terá de produzir-se. Mas, o resultado não é um prejuízo para o Fisco (como

Em sentido sensivelmente divergente pronunciou-se Isabel Marques da Silva, para quem a «importação» da Burla do Código Penal para o RGIT visou obstar ao efeito perverso materializado na ideia que se vinha consolidando de que, quer na perspectiva da sanção aplicável, quer quanto ao elenco dos potenciais responsáveis, burlar o Estado na sua veste fiscal era menos grave do que burlar um particular[139]. Assim, esta Burla configurada como crime de dano, punível com iguais penas, pressupõe «utilização de meios fraudulentos, em princípio não autonomamente puníveis, que têm de determinar a administração tributária ou da segurança social a efectuar atribuições patrimoniais das quais resulte o enriquecimento do agente ou de terceiro»[140]. Ora, estas «cautelas» tomadas no RGIT serão, para a Autora, suficientes para evitar a repetição da questão,

---

seria na Burla comum) mas um enriquecimento do agente ou de terceiro. O que também dificilmente se compreende. *Cfr.*, Manuel da Costa Andrade, «A fraude fiscal...», pág. 350. Num outro prisma, note-se que a *Burla Tributária* deixou cair a qualificação como *ilegítimo* do enriquecimento, o que para o Autor, "no limite", pode implicar para o agente prisão até 8 anos que, «por sobre não causar nenhum prejuízo patrimonial ao Fisco, não alcança para si (ou para terceiro) um enriquecimento *ilegítimo*». Note-se que este é um entendimento diferente do de Isabel Marques da Silva, para quem, a inovação trazida pelo RGIT, «reproduz no essencial o tipo de crime comum de burla (...), em relação ao qual se encontra numa relação de especialidade. A especialidade em relação ao crime comum de burla é determinada, directamente e pelo próprio tipo, atendendo à especial identidade do burlado – a *administração tributária* ou a *administração da segurança social* –, e indirectamente, parece-nos, à natureza das *atribuições patrimoniais* – necessariamente da competência daquelas entidades». Isabel Marques da Silva, *Regime Geral...*, pág. 112.

[139] Isabel Marques da Silva, *Regime Geral...*, pág. 74.

[140] *Idem, Ibidem.*

pelo menos quanto aos crimes tributários na sua relação com os crimes comuns.

À margem da diferença dogmática de tratamento deste crime, sempre se relevará que o legislador permitiu, em certa medida, e considerado um certo prisma, reduzir parte da complexidade até então conhecida: afirma-se, agora, expressamente, a possibilidade de os patrimónios públicos poderem ser objecto típico de Burla; integra a sua factualidade típica aquele momento de "*autolesão inconsciente*" onde se incluem os casos de reembolso indevido, paradigmático exemplo de deslocação patrimonial efectuada pelo próprio "burlado"[141]; como crime de dano, a consumação depende da verificação do enriquecimento do agente ou de terceiro (e não apenas o prejuízo patrimonial do burlado, como na burla comum); E, por fim, segundo Costa Andrade, não haverá que distinguir consoante os reembolsos indevidos sejam obtidos em sede de IVA ou de IRC ou IRS, mas nela não se podem incluir as situações de deduções ilegais de IVA. Segundo o Autor, é verdade que, adoptando critérios materiais ou de danosidade social, são idênticos um reembolso indevido – o Estado desembolsa quantias que já pertenciam ao seu património – e uma dedução ilegal – o Estado deixa de receber quantias a que tinha direito. Contudo, segundo o Autor, esta argumentação a ser assumida até ao fim, levaria demasiado longe, porque do ponto de vista daquela danosidade «e dos atentados contra o património fiscal não há diferenças significativas entre as diferentes manifestações de fraude fiscal. Quer elas se concretizem sobre a forma de reembolso indevido, de dedução arbitrária, de não liquidação ou não pagamento ilegais, etc.»[142]. Tal inter-

---

[141] Manuel da Costa Andrade, «A fraude fiscal...», pág. 350.
[142] Manuel da Costa Andrade, «A fraude fiscal...», pág. 351.

pretação implica colocar a extensa e variada fenomenologia dos atentados fraudulentos contra o Fisco ao abrigo de apenas uma única incriminação, como sucede em ordenamentos como o alemão que aplica efectivamente as poucas incriminações previstas mas com grandes vantagens na satisfação dos interesses do Fisco. Claro que aquelas deduções ilegais de IVA, dolosas, sempre se poderão subsumir no crime de fraude fiscal, que assim funciona como «incontornável tipo de intercepção»[143].

C) O crime de Abuso de Confiança

É por demais conhecida, e foi já aqui referida, a actual polémica que contextualiza a compreensão deste crime. Segundo pensamos, para efeitos de conformidade constitucional, actualmente nada separa este crime da contra-ordenação *Falta de Entrega da Prestação Tributária* (artigo 114.° do RGIT). Não é defensável a afirmação de que quem não entrega aquela prestação apropria-se da mesma – presunção inadmissível em direito penal –, ou sequer que o elemento da apropriação é um elemento implícito do tipo objectivo, pois tal interpretação sempre violaria a exigência ínsita no princípio da legalidade segundo a qual o tipo tem de ser e encontrar-se legalmente determinado[144].

---

[143] Manuel da Costa Andrade, «A fraude fiscal...», pág. 352. Note-se que parece ser divergente a posição de Isabel Marques da Silva, *Regime Geral...*, pág. 77 e 78.

[144] Manuel da Costa Andrade, «T.C., Acórdão n.° 54/04...», *passim*. Ainda para Isabel Marques da Silva, apesar da contestação, mais não se fez, «contudo, que verter em letra de lei o entendimento jurisprudencial

De qualquer forma, o que se encontra actualmente criminalizada é a não entrega dolosa da prestação tributária devida. Naturalmente, como resulta entendimento pacífico, se, por exemplo, não é feita a retenção, porque não há sequer dinheiro para pagar salários, então não há crime porque não há sequer prestação susceptível de ser apropriada, faltando um elemento constitutivo do tipo. Assim, só há abuso de confiança fiscal se a prestação tributária foi efectivamente deduzida ou recebida pelo agente. Podendo, embora, subsistir a responsabilidade do agente a título contra-ordenacional – artigo 114.º do RGIT.

Com a consagração deste crime, pretende-se tutelar, igualmente, de forma paradigmática, o património tributário do Estado e a sua pretensão à obtenção cabal de receitas, pelo que, uma vez mais, as escolhas ou o planeamento fiscal dos contribuintes não poderá legitimamente pressupor a não entrega dessas mesmas quantias.

---

segundo o qual quem não entrega no prazo a prestação tributária deduzida ou cobrada, usando-a para um fim diferente do legalmente previsto, dela se apropria, tendo, por isso, intuito clarificador», Isabel Marques da Silva, *Regime Geral...*, pág. 165.

ÍNDICE

INTRODUÇÃO 5

I
PROLEGÓMENOS SOBRE A NORMA GERAL ANTI-ELISÃO

1. A norma geral anti-elisão no direito fiscal português (art. 38.º, 2 da lei geral tributária) 9
2. Consumpção de normas. Plano do presente estudo 10
3. Pressuposto: a impossibilidade de requalificar juridicamente os actos e negócios 12

II
INSTITUTOS DE DIREITO CIVIL QUE CONSOMEM
O SENTIDO NORMATIVO DA NORMA ANTI-ELISÃO

4. Sequência 15
5. Acto anormal de gestão. O sentido normativo do art. 23.º do CIRC 15
   5.1. *A jurisprudência* 15
   5.2. *A Doutrina* 18
   5.3. *Doutrina e Jurisprudência francesas* 23
   5.4. *Acto anormal de gestão e preços de transferência* 23
6. Simulação. Falsidade de documentos e interposição real de pessoas 29
7. Abuso de direito 31

III
ELISÃO E FRAUDE À LEI, NEGÓCIO FIDUCIÁRIO E NEGÓCIO INDIRECTO

8. Os institutos de direito civil com campo de aplicação coincidente	35
9. Fraude à lei	36
10. Negócios fiduciários	39
11. Negócios indirectos	40

IV
UMA EXPLICAÇÃO A AFASTAR: A BOA FÉ/ABUSO DE DIREITO

12. Boa fé/abuso de direito e cláusula geral anti-elisão	43
13. A boa fé em Direito Tributário	46

V
A LIBERDADE NEGOCIAL/AUTONOMIA PRIVADA COMO PRESSUPOSTO (ESPAÇO) A RESPEITAR PELA CLÁUSULA GERAL ANTI-ELISÃO

14. A cláusula geral anti-elisão limitada pela autonomia privada	49
15. Elisão e sociedade aberta	50
16. Estado fiscal, sociedade aberta e elisão fiscal	52
17. As escolhas jurídicas e as escolhas fiscais	54
18. O Direito Fiscal como direito de sobreposição	55
19. A prevenção fiscal	55
20. A regra: a liberdade de escolha fiscal	56
21. Não interferência na gestão fiscal das empresas	59

Autonomia Contratual e Direito Tributário 107

VI
A NORMA ANTI-ELISÃO COMO DETERMINAÇÃO
DE ILEGITIMIDADE

22. Autonomia privada e legitimidade. A norma anti-elisão como determinação de ilegitimidade 61
23. A liberdade contratual e os direitos e liberdades constitucionais 62
24. Competência enquanto limite externo 63
25. O ultrapassar do problema da inconstitucionalidade 65

VII
INTERPRETAÇÃO DO ART. 38.° N.° 2 DE LGT

26. O texto como ponto de partida... 69
27. Interpretação da cláusula geral anti-abuso, respeitando a Constituição da República e a lei 70
28. Os pressupostos típicos da aplicação do n.° 2 do art. 38.°. 70
29. O ónus da prova 71
30. Generalidades... 71
31. Prazo de caducidade de aplicação da cláusula geral anti-elisão 72
32. O propósito fiscal... 77
33. Meios artificiosos e fraudulentos 78
34. Abuso de formas jurídicas 80
35. Resultado fiscal.. 82

VIII
AS INFRACÇÕES FISCAIS

36. Relevância de algumas das situações descritas em Direito Penal e Direito de Mera Ordenação Social......................... 83
37. Da eticização do sistema fiscal à eticização do Direito Penal Fiscal.. 88
38. O Direito Penal Fiscal como direito de liberdade – continuação 90